中国战略性
新兴产业发展与财政政策

主　编　张少春

副主编　李敬辉

　　　　苏　明

　　　　李方旺

Development and Relating Fiscal Policies of
China's Emerging Industries of Strategic Importance

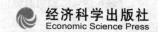

经济科学出版社
Economic Science Press

图书在版编目（CIP）数据

中国战略性新兴产业发展与财政政策/张少春
主编. —北京：经济科学出版社，2010.12
ISBN 978 - 7 - 5141 - 0218 - 5

Ⅰ. ①中…　Ⅱ. ①张…　Ⅲ. ①高技术产业 - 经济
发展 - 研究 - 中国②高技术产业 - 财政政策 - 研究 -
中国　Ⅳ. ①F279.244.4②F812.0

中国版本图书馆 CIP 数据核字（2010）第 247356 号

责任编辑：吕　萍　张　辉
责任校对：徐领弟　杨晓莹　王凡娥
版式设计：代小卫
技术编辑：邱　天

中国战略性新兴产业发展与财政政策
主编　张少春
副主编　李敬辉　苏　明　李方旺
经济科学出版社出版、发行　新华书店经销
社址：北京市海淀区阜成路甲 28 号　邮编：100142
总编部电话：88191217　发行部电话：88191540
网址：www. esp. com. cn
电子邮件：esp@ esp. com. cn
北京中科印刷有限公司印刷厂印装
787 × 1092　16 开　13.5 印张　210000 字
2010 年 12 月第 1 版　2010 年 12 月第 1 次印刷
印数：0001—8000 册
ISBN 978 - 7 - 5141 - 0218 - 5　定价：32.00 元
（图书出现印装问题，本社负责调换）

前　言

　　党的十七届五中全会指出，"十二五"时期我国经济社会发展，必须以科学发展为主题，把加快转变经济发展方式作为发展的主线，把经济结构战略性调整作为加快转变经济发展方式的主攻方向。要科学判断未来市场需求变化和技术发展趋势，加强政策支持和规划引导，强化核心关键技术研发，突破重点领域，积极有序发展新一代信息技术、节能环保、新能源、生物、高端装备制造、新材料、新能源汽车等产业，加快形成先导性、支柱性产业，切实提高产业核心竞争力和经济效益。对深入贯彻落实《国务院关于加快培育和发展战略性新兴产业的决定》提出了更加明确的要求，增添了新的强大动力。

　　改革开放以来，我国经济增长一直呈现高投入、高能耗、资源消耗量大的粗放式增长模式。进入20世纪90年代以来，经济社会发展开始受到资源、环境、技术、人才和体制等方面的约束。特别是近年来，我国一方面在国内遇到了"三农"、地区发展不均衡、企业运行环境趋紧等难题，另一方面在国际上也面临着贸易保护主义持续抬头、企业出口成本优势弱化、人民币升值压力持续增加等诸多挑战，内忧外患使得我们迫切需要转变传统的经济增长模式。本轮国际金融危机以来，虽然在党中央、国务院的正确领导和英明决策下，我国经济在全球率先实现回升向好，并迅速呈现出稳定增长的良好势头，得到了国际社会的一致好评。但是经济社会发展的基本制约因素没有发生根本性变化。转变经济发展方式，不仅是我国当前应对国际金融危机、巩固和保持经济稳定增长良好势头的迫切需要，也符合世界性经济增长方式变革的一般规律，关系到我国全面建设小康社会和民族复兴伟大目标的实现。

　　培育发展战略性新兴产业是推动加快发展方式转变的重要战略举措。战略性新兴产业是新兴科技和新兴产业的深度融合，代表着科技创新和产业发展的方向；以重大技术突破和重大发展需求为基础，具有"知识技术密集、物质资源消耗少、成长潜力大、综合效益好"的特点，对经济社会全局和长远发展具有重大引领带动作用。综观历史，人类社会每一次大规模的经济繁荣与发展，都与重大的科技创新有着深刻的内在关系。在每一个科技革命和经济社会发展的关键阶段，世界主要国家都曾采取措施积极支持本国战略性新兴产业发展，谁能抢占到科技创新和产业发展的制高点，谁就能在新一轮的综合国力竞争中获得优势。当前，国际金融危机正在催生新的科技革命和产业革命，世界主要发达国家都着眼于迎接新的科技革命，把握未来竞争发展的主动权，从战略高度谋划未来，前瞻部署，抢占科技制高点，纷纷进行了强有力的政府干预。同样，加快培育和发展战略性新兴产业，对于促进我国经济结构调整和产业结构升级，提升自主发展能力和国际竞争力，促进经济社会可持续发展和全面建设小康社会，具有十分重大的战略意义。

在全球经济格局面临重大调整、我国经济发展面临深刻转型的关键时期，党中央、国务院审时度势，英明决策，提出要制定发展规划，强化政策支持，促进加快培育和发展战略性新兴产业。国务院为此专门出台了《关于加快培育和发展战略性新兴产业的决定》，提出要重点培育和发展节能环保、新一代信息技术、生物、高端装备制造、新能源、新材料、新能源汽车等产业，到 2015 年，中国战略性新兴产业形成健康发展、协调推进的基本格局，对产业结构升级的推动作用显著增强，增加值占国内生产总值的比重力争达到 8% 左右；到 2020 年，战略性新兴产业增加值占国内生产总值的比重力争达到 15% 左右，吸纳、带动就业能力显著提高。并明确提出节能环保、新一代信息技术、生物、高端装备制造产业要成为国民经济的支柱产业，新能源、新材料、新能源汽车产业成为国民经济的先导产业；创新能力大幅提升，掌握一批关键核心技术，在局部领域达到世界领先水平；形成一批具有国际影响力的大企业和一批创新活力旺盛的中小企业；建成一批产业链完善、创新能力强、特色鲜明的战略性新兴产业集聚区。这些目标，是国务院在广泛调研、深入听取各方面意见的基础上研究决定的，对推动我国现代化建设具有十分重要的意义。财政部门将认真履行自身职能，充分发挥财政政策作用，抓紧制定相关实施方案和具体落实措施，努力推动战略性新兴产业发展。

　　战略性新兴产业的发展需要政府进行深度参与和大力扶持，在充分发挥市场机制在资源配置基础性作用的同时，通过积极引导资源流向，促进加快形成新的经济增长点和产业竞争力。战略性新兴产业具有战略性和新兴性特征，虽然具有较好的社会效益和较好的经济效益预期，但在发展初期，投资风险大、不确定性较强，完全靠市场机制很难有效发挥作用，其成本与效益的不对称需要通过政府活动来进行弥补或矫正。近年来，国家财政为促进经济结构调整、产业结构优化升级、推动转变经济发展方式制定出台了一系列的政策措施，这些措施对促进战略性新兴产业发展也发挥了积极作用，取得了一定的成效。

　　财税政策是政府支持战略性新兴产业发展的主要措施和重要手段。《国务院关于加快培育和发展战略性新兴产业的决定》出台后，财政部门按照中央要求，迅速组织专门力量，在现有财税政策体系的基础上，研究制定出台加快培育和发展战略性新兴产业的财税政策体系。一是在梳理整合财政政策的基础上，设立战略性新兴产业发展资金，建立稳定的财政投入增长机制，持续加大财政支持力度。二是根据税制改革方向和税种特征，结合战略性新兴产业的特点，研究完善鼓励创新、引导投资和消费的税收支持政策。三是结合战略性新兴产业的特点及不同产业发展的阶段性，通过加大政府采购力度等多种方式，支持战略性新兴产业的发展。努力创新财政支持方式，努力提高财政政策的效益。比如，在产业发展技术突破阶段，采取事前补助方式，支持共性、关键技术阶段研发；在成果转化和产业化阶段，采取风险投资方式，引导和带动社会资金投入；在发展应用阶段，采取事后奖励、消费者补助等方式，培育发展市场；对战略性新兴产业公共服务平台，采取投资补助方式，推动加快建设等等。

　　为推动《国务院关于加快培育和发展战略性新兴产业的决定》的深入实施，形成完整有效的财政政策支持体系，我们组织力量对于财政支持战略性新兴产业发展的相关理论与政策问题进行了深入研究，初步形成了一些阶段性的成果，本书是前期研究成果的集中体现。全书共分为九章，主要内容如下：

　　第一章　从理论上归纳梳理了战略性新兴产业的基本特征，明确和界定了战略性新兴产业的内涵，讨论了我国战略性新兴产业的选择方向和范围，并从国内、国际背景两个方面，深入分析了培育和发展战略性新兴产业，在应对国际金融危机、转变经济发展方式、实现经济社会可持续发展方面的重大意义。

第二章 系统回顾了我国战略性新兴产业发展的基本情况，客观分析了我国战略性新兴产业发展所面临的问题与挑战，结合实际情况提出了培育和发展战略性新兴产业的基本原则和政策思路，从财税政策、产业政策、金融政策、人才政策四个方面，提出了构建支持战略性新兴产业发展政策体系的基本要求。

第三章 从纵向和横向两个维度开展国际比较，站在历史纵深的高度，对于人类社会发展进程中的四次科技革命进行了回顾与反思，归纳了美国等国家（地区）支持战略性新兴产业发展的实践经验和具体政策措施，提炼了其中有益的借鉴与启示。

第四章 开展了政府支持战略性新兴产业发展的一般理论分析，剖析了政府在经济发展中的角色、地位与支持方式，分析了财政支持战略性新兴产业发展的理论依据、作用方式和政策工具选择等，为具体进行财政政策设计作了铺垫。

第五章 我国财政支持战略性新兴产业发展的基本现状与总体思路。具体分析了我国财政支出政策、税收政策、政府采购政策等支持战略性新兴产业发展的情况，重点介绍了典型省（市）财政支持战略性新兴产业发展的做法，客观分析了目前财政支持战略性新兴产业发展存在的主要问题，提出了财政支持战略性新兴产业发展的基本原则、主攻方向和重点领域。

第六章 支持战略性新兴产业发展的财政支出政策。分析了财政支出政策支持战略性新兴产业发展的传导机制，客观评价了支持战略性新兴产业发展的财政支出政策的基本现状，分析了支持战略性新兴产业的财政支出政策存在的主要问题和不足，提出了进一步完善支持战略性新兴产业的财政支出政策的具体建议。

第七章 支持战略性新兴产业发展的税收政策。分析了我国现行支持战略性新兴产业发展的税收政策情况，查找了现行税收政策在培育战略性新兴产业方面存在的问题和不足，有针对性地提出了相关税收政策建议。

第八章 引导社会各方资源支持战略性新兴产业发展。从综合协调配套的角度，对加强财税政策与其他政策配套协调，协调中央与地方关系，创新政府与民间合作方式，引导民间资源流向战略性新兴产业领域，合力推动战略性新兴产业发展提出了政策建议。

第九章　深化财政管理制度改革，提高支持战略性新兴产业发展的财政政策绩效。在进行绩效与财政政策绩效管理理论分析的基础上，分析了财政政策绩效管理的定位与作用，提出了财政支持战略性新兴产业绩效管理的基本思路和指标体系，并从税式支出、财政产业投入、政策退出机制等方面提出了具体的对策建议。

推动战略性新兴产业发展事关经济社会发展全局，需要社会各方面力量的支持和配合，本书从财政政策角度入手，对于一些重大理论与政策问题作了初步的讨论与探索，提出了一些具体的对策建议，旨在抛砖引玉，推动形成共识。由于时间仓促，如有纰漏错误之处，请读者加以批评指正。

目　　录

第七章　支持战略性新兴产业发展的税收政策 …………… 147

第八章　引导社会各方资源，支持战略性新兴产业发展 …… 164

第一章

战略性新兴产业的特征与意义

一、我国提出发展战略性新兴产业的必要性

（一）国际背景

综观世界经济发展的历史，历次重大经济危机（1857 年和 1929 年世界经济危机及 20 世纪 80 年代经济危机）都催生了战略性新兴产业，并依托战略性新兴产业使经济走出低谷，走上蓬勃发展的道路。科技革命又往往是战略性新兴产业的依托，并引发社会重大变革。19 世纪电磁学发展，成为电气革命的知识基础，发展出电力、电气等新兴产业群。20 世纪初量子力学的建立，特别是半导体物理和材料发展、现代计算机理论和模型的突破等，成为电子技术革命的物质和知识基础，发展出电子、信息等新兴产业。未来新科技革命将引领人类进入绿色、智能、普惠、再生循环和可持续时代，为生产力发展打开崭新空间，引发新一轮产业结构变革，催生新一代战略性新兴产业，并成为社会新的支柱产业。可见，经济危机既是挑战，更是机遇，危机的发生，本身也孕育着打破和摆脱危机的重要新生因素，重要的就是科技创新及由此催生的战略性新兴产业。

战略性新兴产业代表了未来产业和科技发展方向，当今世界，许多国家都把发展战略性新兴产业作为引领复苏、实现经济持续发展的战略突破口。

2007 年以来的国际金融危机，对世界经济影响是深远的，对中国

经济发展形成了冲击，但同时也带来机遇。现今，各国均致力于经济复苏，纷纷制定新的国家发展战略，加大投入支持，抢占新一轮科技经济竞争制高点。一些主要发达国家都把争夺经济、科技制高点作为战略发展重点，把科技创新投资作为最重要的战略投资。2009 年 12 月美国公布的《重整美国制造业政策框架》提出，要优先支持经济社会发展急需的高技术清洁能源产业，大力发展资本密集和高生产率的生物工程产业，保持航空产业的领导地位，加快发展电动汽车，积极培育纳米技术产业等。在《奥巴马—拜登新能源计划》中也提到，今后 10 年内将投资 1500 亿美元，重点发展新能源产业。欧盟委员会提出，在 2013 年之前投资 1050 亿欧元用于"绿色经济"发展，为经济增长带来新动力。日本于 2009 年底发布《面向光辉日本的新成长战略》，提出重点发展环境与能源、健康两大产业，到 2020 年创造 100 万亿日元左右的新市场。韩国实施《新增长动力规划及发展战略》，提出重点发展能源与环境、新一代运输装备、新兴信息技术产业、生物产业、知识服务业、技术交叉新产业等六大产业的 22 个重点方向。

这预示着一个前所未有的全球科技创新密集时代已开启，重大发现和发明将随之改变人们的生产生活方式，新兴产业已成为推动世界经济发展的主导力量。

（二）国内背景

改革开放以来，我国的经济建设和社会民生取得了迅猛发展，人民生产生活水平得到了大幅提高。由于发展初期技术水平低，主要依靠资源投入来提高产量。也如同世界各国工业化进程一样，当我国工业化进入一定阶段、经济总量达到一定规模、明显受到资源供给约束时，就必然要求转变经济增长方式。20 世纪 90 年代以来，我国的经济建设和发展面临着规模扩张与资源、环境、技术、人才和体制等方面日益严重的压力和约束，求解"三农"、西部发展、东北老工业区振兴和国际进出口环境不断恶化等领域深层次问题，迫切需要转变我们传统的增长模式。

转变经济发展方式，是面对后危机时代全球经济格局面临调整、实现国内经济在新阶段全面、协调和可持续发展的必然选择。它既要求经济增长方式的转变，从主要依靠增加资源投入和消耗的粗放型经济增长方式，转变为主要依靠提高资源利用和效率提升的集约型经济增长方式；也包括改善民生、促进结构、质量、效益、生态平衡和环境保护等方面的转变。我们应在发展中促转变，在转变中谋发展，实现经济又好又快发展，就迫切需要我们以科技进步和创新为依托，探寻发展新产业，进而形成先导性、支柱性产业，切实提高产业核心竞争力和经济效益。战略性新兴产业以创新为主要驱动力，辐射带动力强，涵盖了我国转变经济发展方式的多种需求，因此，加快经济发展方式转变，即对发展战略性新兴产业提出了要求。

2009 年，在各国高度重视发展战略性新兴产业、国内社会经济发展方式转变迫切需要发展战略性新兴产业的历史时刻，党中央、国务院高瞻远瞩，英明地提出了发展战略性新兴产业的重大战略。

2009 年 9 月，国务院先后召开了三次新兴战略性产业发展座谈会，邀请了中科院院士和工程院院士、多所大学和科研院所教授、专家、企业和行业协会负责人等参加。与会者就发展新能源、节能环保、电动汽车、新材料、新医药、生物育种和信息产业等领域，建言献策。会上温总理强调，国际金融危机对世界经济影响是深远的，对中国经济发展既是机遇也有挑战；发展新兴战略性产业，是中国"立足当前渡难关、着眼长远上水平"的重大战略选择，既要对中国当前经济社会发展起到重要支撑作用，更要引领中国未来经济社会可持续发展的战略方向；要以国际视野和战略思维来选择和发展新兴战略性产业，着眼于提高国家科技实力和综合国力，着眼于引发技术和产业变革。

2009 年 11 月，温家宝总理在《让科技引领中国可持续发展》的重要讲话中，提出新能源、节能环保、电动汽车、新材料、生物科技、信息产业、空间海洋及地球深部开发利用等七大战略性技术领域，并明确地界定战略性新兴产业："战略性"是必不可少的，"新兴"则是指市场尚未形成规模。七大战略性技术领域具体应包括：新能源产业、可再生能源技术、节能减排技术、清洁煤技术及核能技术、新能源汽车；传感网、物联网、信息网络产业；微电子和光电子材料和器件、新型功能材料、高性能结构材料、纳米技术和材料；由生命科学推动的农业和医药产业发展，如新药物研发和先进医疗设备制造；空间、海洋和地球深部探索技术等产业领域。随着中国国情和国际发展形势，新兴战略性产业还将会进行调整补充。

2009 年 12 月中央经济工作会议明确提出，要抓紧研究、提出加快培育战略性新兴产业的总体思路，培育新的经济增长点。

2010 年 2 月胡锦涛总书记和温家宝总理在省部级主要负责同志研讨班上，强调指出，要加快、大力发展战略性新兴产业。

2010 年 3 月，温家宝总理在政府工作报告中指出"国际金融危机正在催生新的科技革命和产业革命。发展战略性新兴产业，抢占经济制高点，决定国家的未来，必须抓住机遇，明确重点，有所作为。要大力发展新能源、新材料、节能环保、生物制药、信息网络和高端制造业。积极推进新能源汽车、'三网'融合取得实质性进展，加快物联网的研发应用。加大对战略性新兴产业的投入和政策支持"。

2010 年全国人大会议和政协会议期间，如何推动我国战略性新兴产业发展的问题成为社会各界关注的热点。

为了贯彻、落实党中央、国务院关于发展战略性新兴产业的指示精神，国务院有关部门开展了一系列的推进和落实工作。2010 年 2 月，国家发展改革委会同科技部、工业和信息化部、财政部等部门组织召开了"战略性新兴产业总体思路研究工作启动　暨协调小组第一次会议"，标志着加快培育战略性新兴产业总体发展思路研究工作正式启动。会上传达、学习了党中央、国务院近期对加快培育战略性新兴产业的一系列重要要求和指示，研究了贯彻落实的具体方案。会议决定，成立由 20 个部门或单位领导同志组成的加快培育战略性新兴产业总体思路研究协调小组，统一协调总体发展思路研究，及制定和规划编制工作中的重大问题。同时成立加快培育战略性新兴产业总体发展思路研究文件起草组，负责相关文件和规划起草工作。

随后，开展了一系列调研活动。经过深入广泛的调研和研讨，《国务院关于加快培育和发展战略性新兴产业的决定》于 2010 年 8 月份完成，同时，编制《战略性新兴产业发展"十二五"规划》的工作也在完善之中。《规划》将明确战略性新兴产业在国民经济和社会发展中的战略定位，确定我国战略性新兴产业发展的指导思想、基本原则、主要目标任务、发展重点领域、主攻方向和产业区域布局等重大部署，统筹提出加快其发展的重大政策措施，为促使其成为经济社会发展的主导力量。

二、战略性新兴产业的内涵

界定、理解"战略性新兴产业"这个概念，首先需要从产业角度出发来研究其基本内涵。本节在分析什么是产业、战略性产业、新兴产业以及与高新技术产业的关系的基础上，归纳总结出了战略性新兴产业的基本内涵。

（一）产业的基本概念

"产业"作为经济学概念，具有复杂性的内涵与外延。产业有广义和狭义之分。广义上看，"产业"指国民经济各行各业。从生产到流通、服务以至于文化、教育，大到部门，小到行业都可以称之为产业。从狭义上看，由于工业在产业发展中占有特殊位置，经济发展和工业过程密切相关，"产业"有时指工业部门。产业经济学中研究的产业是广义的产业，泛指国民经济各行各业。在现代经济社会中，存在着大大小小、居于不同层次的经济单位，企业和家庭是最基本、也是最小的经济单位。整个国民经济又称为最大的经济单位；介于二者之间的经济单位是大小不同而数目繁多的、因具有某种同一属性而组合到一起的企业集合，又可看成是国民经济按某一标准划分的部分，这就是产业。产业的特点是：规模性、职业化、社会功能性。

20 世纪 20 年代，国际劳工局最早对产业作了比较系统的划分，即把一个国家所有产业分为初级生产部门、次级生产部门和服务部门。第二次世界大战以后，西方国家大多采用了三次产业分类法。在中国，产业的划分是：第一产业为农业，包括农、林、牧、渔各业；第二产业为工业，包括采掘、制造、自来水、电力、蒸汽、热水、煤气和建筑各业；第三产业为流通和服务两部分。

为适应各个领域在进行产业分析时不同目的之需要，产业经济学又将其概念划分成若干层次，这就是"产业集合"的阶段性。具体说有三个层次：

（1）第一层次是以同一商品市场为单位划分的产业，即产业组织，产业内企业关系结构对该产业经济效益有着极其重要的影响。要实现某一产业的最佳经济效益，须使该产业符合两个条件：首先，该产业内企业关系结构性质，使产业内企业有足够改善经营、提高技术、降低成本的压力；其次，充分利用"规模经济"效应，使该企业单位成本最低。例如计算机产业、电视机产业、汽车产业等。

（2）第二层是以技术和工艺相似性为根据划分的产业，即产业联系。一个国家在一定时期内，各个产业部门通过一定经济技术关系发生着投入和产出，即中间产品运动，它真实地反映了社会再生产过程中的比例关系及变化规律。例如信息产业、生物产业等等。

（3）第三层次是大致以经济活动的阶段为根据，将国民经济划分为若干大部分所形成的产业，即产业结构。如采掘业、制造业、流通业等。

（二）战略产业的内涵与特征

所谓战略产业，是指一国为实现产业结构高级化目标所选定、对于国民经济发展具有重要意义的具体产业部门。它们是各国根据不同经济技术发展水平和对未来经济技术发展的预见所确定的。战略产业主要包括主导产业、支柱产业、先导产业和基础产业，它们的含义如下：

主导产业——主要指对国民经济具有支撑作用，在国民经济中占有较大比重的产业。它在某种程度上直接关系到一个国家或地区产业发展方向，它应能充分利用和发挥本国或本地各种资源优势，且对其他产业或行业具有推动、制约和引导等连带作用。

支柱产业——首先侧重产值和利润水平，是国家和地方财政最重要的收入来源，其社会效益和环境效益，对其他产业引导作用未必很高。考察一个国家或地区在一定时期内的支柱产业，需要一系列准则、原则量化为相应的评价指标，一般的指标体系建立包括生产率上升率标准、收入弹性标准、产业关联度标准。

先导产业——是在国民经济体系中具有重要的战略地位、在国民经济规划中先行发展、引导其他产业往某一战略方向发展的产业或产业群。特指对今后国民经济发展具有先导作用的产业，即产品收入弹性高，全要素生产率上升幅度大，对其他产业部门带动效应大的产业。它们对国民经济未来发展起方向性引导作用，代表着技术发展和产业结构演进的方向。具有如下典型特征：行业增长速度超过GDP，并且保持持续增长；对国民经济未来走向影响较大；是财富积聚速度最快的行业；

市场潜力大，处于规模快速扩张的成长期；产业关联系数大、技术连带功能能强。

基础产业——是指对其他部门提供条件和机会的产业，或者说是那些由于它们的供给能力不足，导致国民经济增长机会损失的产业。

战略产业——成长必须具有战略意义，即受国家政策保护和扶持、具有能够成为未来经济发展中主导产业或支柱产业的可能性。其决定因素，首先是产业本身技术特点、市场前景、成长潜力，其次是国家资源的特定条件、现有产业结构状况、产业本身获取资源的能力等。通过大规模投资，在短期内迅速建立起战略产业的发展基础，满足国家发展目标的要求，如占领产业制高点，提高战略产业的供给能力，改变本国产业的国际地位等，是国家发展常用的重要战略。在当代国际经济环境发生了许多重大变化，发展战略产业仍具有较强的现实价值，国家支持仍是战略产业发展的一个非常重要的导向。

在战略产业中，一类，是其本身的立基市场（Niche Market）虽然很小，但外部溢出却很大。如机床生产虽占美国制造业就业率的不到1%，但制造业就业人员中却有25%的人使用机床。同样的结构也反映在中国的制造业中，据统计2000年中国机床生产所占中国制造业就业率仅为0.56%，而同期在制造业就业的人员则有18%的人使用机床。机床产业无论是在发达国家还是在中国这样的发展中国家，其本身产业盈利虽然有限，但对整个制造业外溢性贡献则是巨大的。

另一类是对于一个经济体而言，不仅具有巨大的外部溢出效应，而且本身还具有直接的巨大经济效应。由这类战略技术形成的战略产业，其战略性不仅体现在对一个经济体的安全运作和产业提升上，还可以通过市场化过程，为该经济体获得巨大附加值和高工资就业源。如集成电路产业，作为当代促进国家经济和保证国家安全的战略产业与基础产业，其发展规模和技术水平已成为国际地位和综合国力的新标志。

由此可见，战略产业的主要特征是：（1）技术性和扩张性；（2）经济效益长期性；（3）关联性和渗透性；（4）外溢性。一个产业的战略地位将会随着产业技术进步和经济发展而变化，总的趋势是：在传统战略产业领域，相当一部分垄断性战略产业将逐渐向竞争性战略产业转变，其中又有许多竞争性战略产业最终转变为一般竞争性产业，从而逐渐失去其战略地位，而一些代表未来产业发展方向的新兴产业将成为新的战略产业。

（三）新兴产业的内涵与特征

新兴产业通常是指随着新科研成果和新兴技术发明、应用而出现的新部门和行业。当前新兴产业主要是指电子、信息、生物、新材料、新能源、海洋、空间等新技术产生和发展起来的一系列新兴产业部门。新兴产业的出现，对人才需求提出了相应要求。我国目前的新兴产业，大致可以分为三类：

第一类是新技术产业化形成的产业。新技术及其成果逐步产业化，最后形成一种产业。比如说生物工程技术，在五六十年代或者说在更早的时候，它只是一项技术概念，现已成为生物工程产业，成果已广泛服务于社会。在美国，生物工程产业被誉为一个非常有前景的新兴产业。同样，IT 产业，由于数字技术的发展，也被认为是新朝阳行业。

第二类是用高新技术改造传统产业而形成的新产业。比如说，几百年前蒸汽机技术改造了手工纺机，形成纺织行业，现在新技术改造传统行业，比如改造钢铁行业，生产复合材料以及抗酸、抗碱、耐磨、柔韧性好的新兴材料，就成了新材料产业；同样，用新技术改造传统商业，变成新兴的物流产业。这些产业改造的核心，是经济效益比传统产业有较大幅度提高。

第三类是传统的社会公益行业引入市场化运营模式后形成的新产业。例如国外的传媒业，是近二十年来产生百万富翁最多的一个行业。而我们国家一直把传媒当作事业来看待，是贴钱的；如我们的电影产业，我们有几十家电影厂，国家财政一直在不断地贴钱、不断地拨款。而美国好莱坞，通过几个大传媒公司经营，每年赚几十亿上百亿美元利润。

新兴产业具有以下几个特点：（1）没有显性需求。在产业处于朦胧当中，或是在超前五年时间当中，当前需求尚未显现。（2）没有定型的设备、技术、产品以及服务。以太阳能行业为例，90 年代初，生产核心部件，以及服务、技术、产品、市场、模式一概都是空白，后来才逐渐地提升。（3）没有参照。如太阳能这个产业，没有国外的大规模引进，国内也没有参照，完全是系统创新。（4）没有政策。我们国家一般只要有产业，就有产业政策，包括融资贷款、科技投入、扶持等各方面都有产业政策，而新兴产业往往面临产业政策滞后的局面。

（5）没有成熟上游产业链。上游产业链甚至比下游产业链的技术、水平、保障、体系更强，比如飞机发动机。

（四）高技术产业的内涵与特征

与战略性新兴产业关系密切的还有高技术企业，它发展快，对其他产业渗透能力强。主要指用当代尖端技术（泛指信息技术、生物工程和新材料等领域）生产高技术产品的产业群，是研究开发投入高，研究开发人员比重大的产业。人的创造力（知识要素）或思路被认为是生产者参与竞争的根本要素。现在，很多企业在创造与发展新思路（技术创新）和发挥人的能力（知识创新）上投入巨资，便是对这一概念的印证。那么，确认高技术产业，首要依据是在研究和开发方面的投入是否超过一般产业，或支付给科学家和工程技术人员的工资是否超过一般产业，或者两者都超过。比如，通讯设备制造业和在研发方面投入多的新兴产业，再比如机器人研制、生物技术等。除此之外，高技术产业已经进入了可在很多产业中应用的技术领域，如新材料、电子元器件。

与传统产业相比，高技术产业有如下几个特点：（1）其发展在于各种资源的快速流动和结合。效率是高技术产业的生命，在高技术产业，只有各种资源及时、有效的结合在一起，才能产生效益。这包括资金与技术的结合，供应商与制造商、用户的快速结合，以及从产品构思到产品最终使用之间、各个环节尽量精减。（2）高技术产业发展的关键要素，是智力资源而不是固定资产。发挥智力资源的创造性，就需要一定的制度安排和机制，保证人才有一个良好的工作、生活和文化环境。（3）高技术产业的竞争力在于技术创新，加强科技投入、鼓励人们创新是高技术产业发展的依靠。（4）高技术产业发展的生态环境是产业集群。在高技术产业，小企业非常活跃。但高技术小企业的发展与大企业不同，它们资产规模小，运作资源的能力小，营造高技术小企业集群是提高创新能力的一个有效解决方案。通过集群，建立起有效的资金网络、人才网络和各种服务网络，这种制造商、客户和竞争者之间的有效联系可促进单个企业的效率，促进专业化。

我国高新技术产业主要包括软件、计算机硬件、网络、通讯、半导体、一般 IT 行业、医药保健、环保工程、生物技术、新材料、资源开发、光电子与光机电一体化、新能源与高效节能技术、核应用技术、其他重点科技、科技服务等 16 大类。

（五）我国战略性新兴产业的内涵

战略性新兴产业，这是一个双层内涵的提法，一方面是战略产业，一方面是新兴产业。对于战略性新兴产业的界定，温家宝总理指出，"战略性"是必不可少的，"新兴"则是指市场尚未形成规模。一方面，战略性产业的存亡，是从国家整体利益出发，关系到国家的经济命脉和国家安全，关系到我国在世界经济、政治、军事事务中的战略行动能力，对提升国家综合实力具有重大作用。我们不是从个人、企业、地方或部门的局部利益出发，而是从国家整体利益出发，有条件要上，没有条件创造条件也要上的产业，如大飞机项目就是典型范例。另一方面，新兴产业代表着市场对经济系统整体产出的新要求和产业结构转换的新方向，代表着科学技术产业化的新水平和正处于形成发展初期阶段的产业，具有明显的技术驱动和重大科技创新的特征，同时能够符合市场需求或创新的需求。综上所述，培育战略性新兴产业，是我国根据当前全球经济、科技发展态势提出的全新课题，应具有以下内涵：

首先，党中央和国务院有关文件明确指出，我国发展战略性新兴产业的主要目的是培育未来的先导产业和支柱产业，战略性新兴产业及其前景需要符合先导产业和支柱产业的要求。

其次，它是新兴产业的一部分。我们界定的战略性新兴产业，要符合新兴产业的特征和要求，它将随着新科研成果和新兴技术的发明应用而出现，应具备重大科技创新特征，它将通过科技进步来带动社会经济发展，从而形成新的增长点。但是，就眼前来看，也许其产业成熟度还不高，产业链尚未完全形成。

最后，它是新兴产业中可能成为战略产业的部分。其战略性体现在经过一定时期的培育和发展，有可能成为战略产业中的一部分，成为主导产业、支柱产业、先导产业和基础产业中的某一类，进而满足国家重大战略需求，对提升国家综合实力发挥重大作用。

根据上述分析，我们对战略性新兴产业的内涵概括如下：战略性新兴产业，是对人类社会进步、国家未来综合实力发展具有根本性重大影响，并正在快速成长的新产业领域，它以科学技术的重大新突破为基础，能够引发社会新需求、引领产业结构调整和发展方式转变，具有知识和科技依赖度高、发展潜力大、带动性强、综合效益好、全球竞争激烈和快速发展等特征。

三、我国战略性新兴产业的选择

选择新兴战略性产业，既要抓住战略性新兴产业的特征，又要兼顾我国传统一、二、三产业和经济社会协调发展，统筹规划产业布局、结构调整、发展规模和建设时序。

（一）我国战略性新兴产业的特征与要求

我们可以通过几个突出的特征，来进一步认识、鉴别战略性新兴产业：一是具有引领未来的先导性，科技含量高，符合新科学技术发展的趋势；二是能有效开拓国内外市场，市场空间大，成长性好；三是产业规模大、产业链长、带动能力强；四是我们掌握核心关键技术，有可能实现技术跨越发展，能够发挥我们自身的比较优势。简言之，就是具有广阔的市场前景和资源消耗低、带动系数大、就业机会多、综合效益好的产业特征。

综合战略产业、新兴产业、先导产业和支柱产业的要求，战略性新兴产业的要求可归纳为以下几个主要方面：

1. 技术门槛高（技术制高点）。在国际同行业中，我们的技术基本处于同等水平或者差距不大，具有一定的基础和竞争力，有可能取得关键核心技术的突破，抢占科技制高点。

2. 综合效益好（绿色、高效、可持续）。经济效益好，附加价值率一般在25%~40%；资源消耗显著低于现有水平，或可降低单位GDP资源能源消耗；能够形成较高的产业集中度和骨干企业的市场占有率，具备集约化、社会化大生产方式和配套协作的企业组织网络。

3. 市场潜力大（快速成长，可以成为支柱产业）。行业增长超过GDP增速，且保持持续增长，是财富积聚速度最快的行业；市场潜力大，处于规模快速扩张的成长期，需求收入弹性高于1，大体在1.5左右；对国民经济走向影响较大，未来的增加值在GNP中的比重达到5%左右，产值占工业总产值8%左右。

4. 带动系数大（产业、出口和就业带动）。出口带动稳定增长，国际市场占有份额上升，支持本行业外贸实现净出口；产业带动关联系数大、技术连带功能强，行业关联度高，影响力系数和感应度系数均大于1；就业人员占总体就业比重将有所提高，同时带动紧密相关的工业部门和服务行业就业人员大量增加。

（二）我国战略性新兴产业的方向

战略性新兴产业的范围需注重各产业协调发展，其方向需要结合技术水平和行业领域两个维度考虑：

从技术维度出发，可分为种子期、萌芽期和曙光期三个阶段。根据关键核心技术的成熟度进行区分，可分为技术成熟型、技术推广型和技术布局型：技术成熟型是指已有关键核心技术，技术已经应用于产业，但还迫切需要政策助推以扩大产业规模的领域；技术推广型是指关键核心技术获得突破不久并已走出实验室，达到了产业应用要求，需要依靠政策推动与产业实现融合的领域；技术布局型是指产业领域十分重要，我国有一定技术基础，有可能取得突破，目前还需要加大研发投入的领域。

行业领域的选择，既需要跟踪国际经济科技发展趋势，又需要考虑我国现实国情。当前，世界主要发达国家的重点发展方向，如表1–1所示。

表 1–1　　　　　　当前主要发达国家的重点发展方向

国家	战略性新兴产业的方向
美国	清洁能源、先进车辆、医疗卫生、信息技术、其他21世纪的重大挑战（气候环境等）
英国	生物产业、创意产业、数字内容、通信产业、绿色能源
日本	环境与能源、健康、信息与通信
法国	生态经济和绿色化工、再生能源、未来城市建设、未来交通工具、数字内容
德国	数码软件创新研究、药物疗效和新药安全、成像诊断学、智能传感器和眼科学、用户友好和环境友好的创新技术、未来物流
欧盟	能源安全、交通（绿色汽车）、气候变化和资源效率、卫生和老龄化、环境友好的制造方法、土地管理、节能建筑

结合我国国情和国际发展趋势，我国战略性新兴产业的发展重点应该包括：

新一代信息技术产业，包括信息化与工业化融合、信息化与城市化融合、信息化与市场化融合等，主要侧重其对经济社会可持续发展发挥的作用，实现信息网络产业发展促进我们的经济社会发展更加安全；

生物产业，包括生物医药、生物育种、生物信息等，着眼于人的可持续发展，侧重其对人类生命健康事业可持续发展的至关重要性，生物产业的发展将使得人们的生活更放心；

新能源，包括风电、太阳能、生物质能、先进核能等，通过新能源产业的发展，将使得我们未来的经济活动更清洁；

新材料，主要着眼于信息网络、生物技术、节能环保、高端制造等；

新能源汽车、高端装备制造，主要着眼于自动化、交通运输等领域；

节能环保产业，将对于上述产业相互融合起到改进、支撑作用。

另一方面，战略性新兴产业与高技术产业具有密不可分关系，战略性新兴产业具有技术门槛高的特征，因此其中相当部分都属于高技术产业。但是，战略性新兴产业与高技术产业之间区别明显：首先，高技术产业未必是战略性新兴产业。某些高技术产业不一定能够成为支柱产业，也不一定具有带动效应，其中大部分不具有战略性新兴产业的特征。其次，高技术产业需要有较高的研发投入和较多的技术人员，而战略性新兴产业一旦在技术突破之后，产业化过程中相关企业并不一定需要很多研发投入和技术人员，例如新能源产业中的大部分生产企业并不一定符合高技术企业的特征。

（三）我国战略性新兴产业的选择标准与范围界定

界定和选择战略性新兴产业的范围，是培育和发展战略性新兴产业的基础和前提，选择标准包括以下几个方面：一是建立在科技重大突破基础上，符合科技和产业发展方向；二是应具有知识密集度高、创新活跃度高、市场需求潜力大、带动力强、环境友好、发展迅速等特征；三是我国具有比较优势，有条件发展成为支柱产业；四是对推进我国产业结构转型升级和经济发展方式转变，提升我国产业竞争力和综合国力具有重要支撑和全局引领作用。

根据标准，现阶段我国选择加快培育的战略性新兴产业，可包括四大方面七大产业：第一方面，以解决国民经济发展迫切需要、缓解资源与环境瓶颈制约为重点，优先发展节能环保和新能源产业；第二方面，以加快推进国民经济与社会信息化、促进信息化与工业化融合为重点，大力发展新兴信息产业；第三方面，以提高人民健康水平、促进现代农业发展为重点，大力发展生物产业；第四方面，以促进产业结构转型升级、突破关键薄弱环节为重点，积极发展高端装备制造、新材料和新能源汽车产业。具体来看，我们可选择先进节能、新型环保、循环经济、新一代核能、太阳能、风能、生物质能，混合动力汽车、纯电动汽车，下一代通信网络、物联网、"三网融合"、新型平板显示，生物医药、生物育种、生物制造，航空航天、海洋工程装备、高端智能及基础装备、先进医疗设备，高性能结构材料和功能材料等新兴领域，作为加快培育战略性新兴产业的切入点和突破口予以重点部署。

当前我国战略性新兴产业的选择：节能环保产业、新能源产业、新一代信息技术产业、生物产业、高端装备制造产业、新材料产业、新能源汽车产业。

四、培育和发展战略性新兴产业的重大意义

加快培育和发展战略性新兴产业，是我国应对国际复杂经济环境变化、促进国内经济社会可持续发展的战略选择。战略性新兴产业是我国未来先导产业和支柱产业的重要组成部分，将引领我国未来可持续发展的战略方向。

（一）应对国际金融危机、抢占未来发展制高点的迫切需要

经济危机催生科技和产业革命，孕育着战略性新兴产业，反过来又成为我们走出经济危机的至关重要的因素。经济危机是社会生产、分配、消费之间矛盾日益尖锐的产物。回顾历史，在面临严重经济危机的时候，一些传统产业难以为继，随着科技和产业革命的发生，一些新兴产业又应运而生，特别是一些具有广泛影响和强带动作用的战略性新兴产业有可能萌生和发展。例如，1857 年世界经济危机后，电力和电气产业成为带动世界经济发展的战略性新兴产业。1929 年世界经济危机和第二次世界大战后，电子、航空航天和核能等战略性新兴产业带动了战后世界经济的发展。20 世纪 80 年代，美国为克服经济危机，及时启动了"信息高速公路计划"，计算机、无线通讯、计算机网络、软件成为战略性新兴产业，催生了信息化社会。可见，危机既是挑战，更是机遇，其本身就孕育着走出危机的重要新生因素，即科技创新及以此为基

础发展起来的战略性新兴产业。经济危机必须依托这些新生因素才能走出，同时也为这些新生因素发展提供了动力。

当今世界，面对全球金融危机，一些主要国家都把争夺经济科技制高点作为战略重点，大力关注对国民经济和国家安全具有重大影响力的战略性新兴产业的培育，并作为寻找新一轮经济增长的动力。同时，把科技创新投资作为最重要的战略投资，加大对重点领域核心关键技术研发，提升创新能力，争夺未来国际经济科技竞争主动权。这预示着全球科技将进入一个前所未有的创新密集时代，重大发现和发明将改变人类社会生产生活方式，新兴产业将成为推动世界经济发展的主导力量。新科技革命将引领人类进入绿色、智能、普惠、再生循环和可持续时代，为生产力发展打开崭新空间，引发新一轮产业结构变革，催生战略性新兴产业，并成为社会新的支柱产业。

国际经验表明，战略性新兴产业代表了未来产业和科技发展方向，是一国提高产业竞争力和总体经济实力的关键基础，因此，许多国家都把发展战略性新兴产业作为引领复苏、实现经济持续发展的战略突破口。对于我国而言，应对国际金融危机已取得了阶段性成果，但是危机并未结束，而且未来仍存在很大不确定性，因此，我们要抓住机遇，迎接挑战，积极培育和发展战略性新兴产业，这是抢占未来经济科技发展制高点的关键，对于促进产业结构调整及技术升级，提升我国经济科技竞争力，不仅十分重要，而且非常迫切。

（二）转变经济增长发展方式、实现经济社会可持续发展的客观要求

目前我国国内转变经济发展方式的要求日益强烈，客观上要求发展依托科技革命萌生的战略性新兴产业。改革开放以来，中国创造了国内生产总值年均高增长的世界奇迹。但是，这种依靠高投入、粗放式、外延式的发展道路，进一步发展就受到严重的制约。实际上，改革开放以来，我国经济发展遵循比较优势理论，走低成本、低价格的路线，把我们的资源、环境、劳动力成本压到了不能再低的程度，压力巨大，不堪重负。然而，我国现有发展方式并未显示付出的真实社会成本，它的局限性、经济结构状况及资源环境之间的矛盾日益突出，现有低成本劳动力、包括土地在内的资源和环境已经无法继续支撑原有的发展方式。如

图 1-1 所示，2009 年，我们 8% 的 GDP 用了世界 44% 的钢和 53% 的水泥，用了世界 17.5% 的能耗，可见，我们现在的发展对资源高强度的消耗太明显了。近年来一些地区陆续发生"用工荒"，从另一侧面反映出国内劳动力供需状况与现有发展模式的不均衡，依靠低成本劳动力扩张的发展方式难以为继。另外，这种发展模式以空气、水、土壤严重污染为代价，已经严重影响到了人们的生产生活，再也无法继续了。随着经济发展和国际经济形势的变化，粗放式、外延式、大量靠消耗资源支持的发展模式弊端逐渐暴露出来，目前，我们的产业结构不合理，粗放型经济增长方式未从根本上改变，经济发展面临极大的资源环境压力，严重制约了我国小康社会目标的实现。转变经济发展方式已刻不容缓。在面临国内外矛盾不能放慢经济增长和减少就业的前提下，顺利实现经济发展方式转变就给我们提出了严峻的挑战。

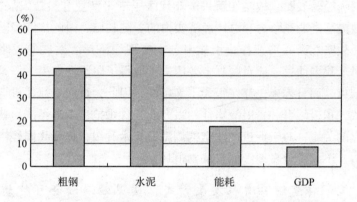

图 1-1　2009 年我国粗钢、水泥产量及能耗、GDP 占世界总量比例

战略性新兴产业恰恰普遍具有资源消耗少、科技含量高、带动作用大、经济效益好的特征，它主要靠科技创新驱动发展，注重节约资源，减少对高投入低产出低效益发展模式的依赖，可实现资源的循环利用。因此，迫切需要通过发展战略性新兴产业，走出一条技术含量高、资源消耗低、综合效益好的经济发展道路，从拼资源、拼环境转变为科技创新和管理创新的可持续发展，促进经济正向转变、经济结构优化升级，适应国内外经济发展形势的需要。

发展战略性新兴产业是经济社会可持续发展的重要途径。实现可持续发展，要求既要满足当代人的需求，又不对后代人满足其需求的能力构成危害。在发展经济的同时，又要保护好人类赖以生存的自然资源和环境，使子孙后代能够永续发展和安居乐业。要兼顾当前和未来发展的需要，不能以牺牲后代人利益为代价来满足当代人的利益。

改革开放以来，中国经济保持高增长的同时，也在社会、环境、资源等许多方面也暴露出不少弊端，譬如导致能耗过高、环境污染严重、经济发展与社会发展不协调、城乡差距、地区发展差距持续扩大，就业难等。特别是高投入、高污染的发展路径，已到难以为继的地步，不用说后代，就是当代人生产生活已受到严重影响，资源短缺和高能耗发展的模式之间矛盾日益尖锐，迫切需要我们寻找新的途径来促进经济社会实现可持续发展。但是，我国目前要实现经济社会可持续发展面临着严峻的资源和环境的制约和挑战。特别需要指出的是：一方面我国的资源总量和人均资源都严重不足，人多地少、水少、油少、富矿少，许多重要资源人均占有量远远低于世界平均水平。我国矿产资源种类不全，有的储量不少，但品位低，开采难度大。大多数矿产资源人均占有量不到世界平均水平的一半。与此同时，我国资源消耗增长速度已十分惊人，资源破坏和浪费又非常突出。全国大部分城市特别是北方城市面临严重的资源型缺水和污染型缺水情况。2009 年我们已提前达到了原计划到 2020 年才计划要消耗的一次能源 31 亿吨标准煤，其中煤炭约占 70%，提前了 11 年。我国单位能耗产出大体仅为世界平均水平的 50%。这说明我们的能效水平低于世界平均水平，和世界发达国家比差距就更大了。而且，滥采、滥垦、滥伐屡禁不止，资源产出率、回收率和综合利用率低，生产、流通和生活消费方面浪费惊人，一些地区环境污染和生态状况令人触目惊心，部分大中城市污染形势日益严峻。全国大气污染排放总量多年处于高水平，城市空气污染普遍较重，酸雨面积已占全国面积的 1/3。水土流失情况严重，全国水土流失面积已达到 3.6 亿公顷，约占国土面积的 38%，并且仍在继续增加。土地荒漠化、草原沙化面积仍在快速扩散。全国沙漠化土地面积达 1.7 亿公顷，占国土面积的 18.2%，受沙漠化影响的人口达到 4 亿。目前我国日排污水量 1.3 亿吨左右，七大水系近一半河段严重污染。近岸海域水质恶化，赤潮频繁发生。物种濒危现象十分严重，我们目前约有 4600 种高等植物和 400 种野生动物已经处于濒危或临界状态。可见，资源不足和生态恶化必然成为制约中国经济可持续发展最大的"硬约束"，这样的经济增长方式是不可持续的，如表1－2所示。

表1－2　　　　　　　我国资源总量和人均资源占世界的比重

项　　目	数　　量	世界占比（％）
人均土地（公顷）	0.1	42
人均淡水资源（KM3）	2.257	27
人均森林面积（公顷）	0.12	20
人均储积量（M3）	8.9	12.50
森林面积（亿公顷）	1.59	4
石油资源可采储量（亿吨）	130～150	3
多数矿产资源		＜50

　　因此，要促进经济社会实现可持续发展，就需要发展资源消耗低、带动作用大、科技含量高、经济效益好的产业，同时还要有利于环境和生态的改善。而战略性新兴产业恰恰具有资源消耗低、带动系数大、就业机会多、综合效益好的产业特征。所以，大力发展包括节能环保产业、新能源产业、新一代信息技术产业、生物产业、高端装备制造产业、新材料产业、新能源汽车产业在内的战略性新兴产业，既包含发展新能源产业，又包含发展有助于促进资源节约和环境改善的产业，有助于节能环保，有助于解决资源和环境制约的问题，同时又可以成为经济增长的新动力，促进经济的快速、健康发展。可见，当前积极培育和发展战略性新兴产业，对于促进节能减排、缓解资源短缺压力、改善环境并以此实现经济社会可持续发展具有重要战略意义。

第二章

现阶段培育和发展战略性新兴
产业的思路和政策体系

大力发展战略性新兴产业是当前我国应对国际经济危机、实现经济社会可持续发展的选择，也是我国转变经济发展方式、调整产业结构、抢占未来国际经济科技竞争制高点的重大战略举措。

一、我国战略性新兴产业发展现状

金融危机以来，全国各地区普遍重视培育和发展战略性新兴产业，密切关注世界技术和产业发展的新动向、新趋势，密切结合地区资源优势和产业基础，大力促进产业集群，从资金投入、政策措施、机制创新等方面对战略性新兴产业予以支持。有些地区还根据自身优势、特点和产业基础，提出更具有针对性的战略性新兴产业发展路径和措施，比如制定规划、加大财政投入，支持新兴产业发展、组织实施重大市场培育和产业工程，打造优势特色产业链条、积极发展创业投资，引导社会资金投入和加快招商引资步伐。有些地区围绕战略性新兴产业规模、产业结构、产业组织调整和创新能力提升等方面，纷纷综合或分领域设立定量或定性目标。目前我国战略性新兴产业发展已具备一定基础，并且呈快速发展趋势。

（一）产业规模迅速扩大

近年来，我国战略性新兴产业快速发展，部分领域产业规模已居世界前列。

2009 年我国医药工业完成工业总产值 1.04 万亿元，"十一五"以来年均增长 23.8%，增速较"十五"期间提高 5 个百分点，远远超过同期美、欧、日增长水平。2009 年，医药工业利润总额超过 1000 亿元，"十一五"以来年平均增速 29.7%，增速较"十五"期间提高 9.9 个百分点。目前我国医药市场为已成为全球第七大医药市场。生物制药产值 2008 年达到 1266.57 亿元，同比增长 21.31%，2009 年我国生物医药总产值约为 2500 亿元，利润总额约为 300 亿元，预计未来几年内总产值可突破 1 万亿规模。"十一五"以来，生物医药产值和利润保持了较快的增长，且增速快于医药工业整体增速。生物技术和农作物面积从 1996 年的 170 万公顷，发展到了 2008 年的 1.25 亿公顷，12 年增加了 73 倍。

我国节能环保行业，经过 20 多年的发展，已具备了一定基础，特别是"十一五"以来，政府大力建设资源节约型、环境友好型社会，使节能环保行业呈加速发展状态，目前已初具规模。据统计，2008 年我国节能环保产业总产值发展到 1.49 万亿元，从业人员达到 2700 多万人。其中，节能产业 2008 年总产值达到 2700 亿元，带动就业 450 万人，逐渐成为支撑我国经济发展的重要力量之一。环保产业连续 8 年年平均产值增长率超过 20%，1997 年到 2006 年的 10 年间，我国环保行业从业人数增加了约 77%，产业收入额从 459.2 亿元增加到 6000 亿元，占 GDP 的 2.76%，年均增长超过 15%，高于 GDP 的增速。2008 年，我国广义环保产业产值达到了 8200 亿元，已经占到 2008 年 GDP 的 2.7%，环保企业达到 3.5 万家，吸纳就业 300 万人。风力发电累计装机容量连续 4 年翻番，2009 年累计达到 2580.53 万千瓦，成为全球第二风电装机大国，当年新增风电装机 1380.32 万千瓦，位居全球第一。光伏总装机容量 2008 年达到 140 兆伏，比上年增长 40%，太阳能电池产量 2.5GW，较上年增长了 8%，占世界太阳电池总产量的 37%，成为世界最大的太阳电池生产国。

我国新材料产业规模不断扩大，新兴企业相继建成，产业发展初具规模。2008 年新材料产业总产值规模达到 6000 多亿元，其中，有机硅单体、有机氟材料产量世界第一，玻璃纤维、玻璃钢等材料产量居世界前列，稀土永磁材料产量占世界 80%。许多重要新材料的品种、质量、工艺技术以及技术经济指标也迈上新台阶。2008 年，我国半导体硅材料市场规模达到 200 多亿人民币，随着我国电子产业的发展，初步预计，到 2015 年国内半导体硅材料市场规模将超过 700 亿元人民币；而全球半导体硅材料市场 2015 年将达到 1350 亿元人民币。目前，我国 8 英寸以下硅单晶及抛光片的生产技术较为成熟，12 英寸硅单晶产业化技术达到国际先进水平。超硬材料、人工晶体、超大规模集成电路关键材料、超高分子量聚乙烯纤维等生产技术已达到或接近国际先进水平，高磁感取向硅钢、超临界电站锅炉用不锈钢管材、新型有色金属合金材料基本满足载人航天、超高压输电等重大工程需求。

我国新兴信息服务产业规模持续扩大，网络信息服务产业蓬勃兴起。2008 年我国新兴服务业实现销售收入 6.3 万亿元，工业增加值约为 1.5 万亿元，占 GDP 比重近 5%。其中，通信、计算机服务和软件业利润率高达 22.7%，是我国所有行业中仅次于石油天然气开采业的第二大高利润行业。2009 年，网络信息服务总体规模达到 9400 亿元左右，其中非话费收入合计达到 4130 亿元左右，占总规模的 43.8%。软件和信息服务业销售收入达到 9135 亿元，增长超过 25%，经济总量与增长幅度超过了连续 20 年高速增长的通信行业。

（二）部分领域部分技术发展中国家领先，部分技术处于国际领先水平

从总体看，经过多年的持续努力，我国战略性新兴产业部分领域先后取得重大技术突破，在一些重要领域在发展中国家中处于领先地位。例如，生命科学与生物技术总体上在发展中国家居领先地位；新能源汽车"十一五"以来，在国家 863 计划的支持下，持续发展技术攻关，奠定了很好的基础，目前在资源、产业、成本等方面具有比较优势。同时有些领域我国已经处于国际领先水平。例如，环保行业中膜技术和膜生物反应器应用、烟气脱硫和除尘的技术应用和设备制造已达到或接近国际先进水平。风力机组设计能力、多兆瓦级风电机组研制和多晶硅生、提炼技术取得突破，部分关键风电设备和晶硅太阳电池生产设备基本实现国产化。新材料产业的超大规模集成电路关键配套材料、大截面预拉伸铝合金、钛锆合金、钽铌铍合金、磁致伸缩材料、高性能纤维等生产技术已达到国际先进水平。医疗器械产业中包括高强度超声聚焦、高性能全自动生化分析仪在内的若干重要领域打破了技术壁垒，取得了一批重大成果。转基因抗种棉、转基因水稻等方面的生物育种技术基本与世

界同步。传感器网络产业中的一些企业，在微电子机械系统新型传感器的研发方面处于国际领先水平。此外，在锂电池产量跻身世界三甲的同时，在动力性铁电池技术研发和产业化领域也进入了国际领先行列。

（三）涌现出一批实力较强的企业、科研机构和人才队伍

伴随着战略性新兴产业的迅速发展，经过 20 多年积累，部分领域涌现出一批实力较强、高速增长的龙头企业和中小企业群。如节能环保行业中，节能服务公司注册数量 2009 年累计达到 500 多家，环保企业数约为 3 万家并形成若干具有国际竞争力的大型脱硫公司。新能源产业中，一方面涌现出包括华锐风电、金风科技、东方汽轮机、南高齿、惠腾和中复联众等一批风电设备整机和零部件的龙头企业，以及包括无锡尚德、保定英利、河北京澳和皇明、力诺、桑乐在内的若干光伏和太阳能热利用大型企业，其中，部分龙头企业规模已经进入世界前列；另一方面，快速形成若干从事零部件生产、服务配套的上下游中小企业群。移动通信终端产业中，中兴、天宇均进入全球手机销量前 10 位行列。

部分大型国企集团纷纷以战略性新兴产业的快速发展为契机，加大研发力度、攻克本领域高端技术，促进企业全面转型，继续成为新兴产业领域的龙头。如新材料产业的中国铝业、中材集团，生物医药领域的国药、上药、扬子江、哈药和深圳迈瑞、东软等医疗器械企业，生物育种和制造领域的中国种子集团、山东登海、中粮，新能源汽车产业的一汽、上汽、东风、长安，航空航天领域的中航商飞、中航工业集团、航天科技集团、卫星通信集团等。

拥有一批基础性和专门性研究所、研究基地和人才队伍。国家层面设立了国家自然科学基金、国家重点基础研究发展计划（973 计划）、投资建成了 200 多个重点实验室。至 2008 年，国家认定的企业技术中心已有 575 家，省级企业技术中心达 4886 家。研发人员数量目前我国仅次于美国，居世界第二。科技论文不仅在数量上大幅增长，在质量和影响力上也有显著提高。

（四）初步形成若干产业集聚区

我国战略性新兴产业已呈现出集聚发展的态势，初步形成了若干集群和产业集聚区。具体表现为四个方面：一是涌现出若干具有国际竞争

力和较大发展潜力的产业集群。重点以北京中关村、武汉东湖国家自主创新示范区，上海、深圳、长株潭、西安综合高技术产业基地等为代表。二是生产企业高度集中。这类集聚方式比较显著的包括新材料产业，已初步形成以海门、江阴等产业基地为主的，数量居全国首位的长三角集聚区和以电子信息材料为重点的广州、佛山等珠三角集聚区。再比如半导体照明产业，全国 85% 以上的 LED 企业分布在珠三角、长三角、北方地区、江西以及福建等四大领域。医疗器械产业在长、珠三角和京津环渤海湾三大区域的总产值以及销售总额总计占全国 80% 以上。三是消费市场高度集中。这类集聚方式最突出的是"数字家庭计划"的特色集聚区。四是部分领域在新形势下开始新一轮产业布局。如航空工业在原有基地布局的基础上，围绕新兴领域发展需求，正在进行新一轮航空产业园布点和建设。

二、战略性新兴产业发展面临的挑战和问题

近些年来，随着我国总体经济实力不断增强，科技投入强度不断加大，总体科技实力有了很大提高，为战略性新兴产业发展打下了基础。但由于种种原因，目前还存在不少困难和问题，制约了战略性新兴产业的发展。

（一）目前对战略性新兴产业的认识不够清晰

目前社会各界对战略性新兴产业的认识不完全一致，内涵和外延的把握尺度也不相同。一方面由于战略性新兴产业本身是个时间范畴的新兴概念，需要一个认识不断深化、统一的过程。另一方面，战略性新兴产业行业选择标准，各界出发点不一样，角度也不同，各地战略性新兴产业的培育和规划出现重复布局的苗头。

各地、各领域对战略性新兴产业的认识存在一定差距，具体表现为战略性新兴产业外延扩大、分类标准不一、划分范围不一致。例如，部分地区将林业、矿业、服务外包、文化创意也列入战略性新兴产业；部分地区认定的行业类别达十余项，未来还有进一步扩大的计划；部分地区将生物医药、生物制造、生物农业、生物环保、生物服务统一为生物

产业，部分地区将互联网、传感网、半导体照明、光伏等行业从信息网络、新能源产业中单列出来。

同时还出现了多数领域都试图尽可能将本领域的细分行业纳入到战略性新兴产业范围中来的苗头。例如，新材料领域的有关专家认为，包括金属新材料、无机非金属新材料、有机新材料和复合新材料等行业都应纳入战略性新兴产业。信息领域的专家提出，战略性新兴产业应包括宽带网络、下一代互联网、物联网三大网络基础设施建设和集成电路、平板显示、高性能网络计算和服务、智能终端、数字家庭、软件九个行业。

各地在重视新兴产业发展的同时，也暴露了由于对战略性新兴产业缺乏统一认识，在产业培育和规划上初步显现出重复布局的势头。具体体现为两个方面：第一，从空间上看，地区间存在同领域重复建设、"规划过剩"的现象。从各地布局情况来看，近80%的地区选择发展节能环保业，超过90%的地区选择发展新能源、新材料、电子信息和生物医药行业，约60%的地区选择发展生物育种业，另外有一半地区选择发展新能源汽车。第二，从产品技术层次上来看，新兴产业低水平重复建设，低档次产品供应过剩，竞争无序等问题初步显现。以节能产业为例，地方盲目投资、低水平建设的"过热"现象已经比较严重，全国3000多家从事半导体照明相关业务的企业中，约70%~80%都仅从事下游应用的开发。同时，在功能性照明技术还不成熟的情况下，部分地区盲目对道路、景观照明等进行拆装改造，造成了新的浪费。此外，化学制药产业、中药产业、平板显示产业、光伏和风电产业都存在不同程度的低附加值产品产能过剩、重复生产导致市场同质化问题突出、竞争无序等现象。这些低水平的重复建设，缺乏有组织的社会分工和必要的资源整合和统筹协调，有竞争力的产业链难以形成，很难较快形成与世界先进水平相抗衡的技术优势。

明确战略性新兴产业的概念，确定战略性新兴产业的内涵和外延，是培育和发展战略性新兴产业的关键。同时，如何界定战略性新兴产业与高新技术产业、科技重大专项等边界，正确处理高新技术产业与相关领域的关系，都是战略性新兴产业发展面临的问题。

（二）我国战略性新兴产业整体与国际领先水平存在较大差距

与国际领先水平相比，我国战略性新兴产业整体上说仍处于比较落后的地位，突出表现在技术水平总体落后于发达国家，包括关键设备、技术落后于国际领先水平或基本依赖进口和缺乏具有国际竞争力的世界知名企业。部分战略性新兴产业规模优势虽然比较明显，但仍缺乏国际竞争力，"大而不强"、"广而不优"的问题比较突出。

以信息服务业为例，虽然信息基础设施得到了长足发展，但是与世界领先国家相比，仍然存在很大差距。具体表现在我国网络基础设施仍存在明显不足，在用户接入端和国家骨干网顶层端仍存在差距，宽带接入平均速度为0.833Mbps，不及OECD平均水平的十分之一；各个骨干网互联互通形成的国家互联网顶层网络性能不能满足发展需求；互联网的区域和城乡差异明显高于固定电话和移动电话。此外，我国在全球互联网格局中地位偏低，基本处于第二等级，在国际互联网流量转接、对等服务中的作用与第一等级的美国、区域第一等级的德、法差距较大，甚至不如同处于第二等级的新加坡，这与我国全球第一用户量和网络规模很不匹配。相比全球第一的网民规模，我国互联网市场规模偏小，与欧美地区还存在明显差距。以收入规模衡量，2008年互联网信息服务总体收入规模尚不及Google一家公司；就企业市值而言，我国互联网企业虽然从市值上有两家进入全球前10名，但所有企业市值之和不及Google一家，我国互联网最大的企业腾讯2008年收入尚不及Google的5%。在互联网应用新领域，如移动互联网领域、社区网络服务领域、云计算领域，我国互联网企业自主创新运营能力并不强，多数处于运营跟随阶段，原创性服务不多，简单效仿居多。

航空工业技术体系虽然初步建立，但不完整。总体规模较小，水平较低。军、民航空产业结构严重失调，航空发动机技术落后，机载设备、原材料和元器件等配套能力差。航天产业虽然形成一定规模，但是很多领域还存在应用水平和技术开发力度不够，系统建设相对滞后，很多领域关键技术尚未突破，应用市场拓展不足等问题，与国际领先国家相比差距很大。比如，应用卫星仍然处于试验型应用阶段，应用卫星数量偏少，品种不齐全，一些急需领域尚处空白，但需求缺口很大，导致

严重依赖国外卫星服务。据不完全统计，国内高分辨率遥感市场 85%
以上被国外卫星产品所占领。2008 年我国购买高分卫星遥感数据总额
近 4 亿元，而同期主营高分辨率卫星遥感数据的 SPOT5 中国总代视宝
卫星图像有限公司（约 1.5 亿元），Quickbird 中国总代天目创新科技有
限公司（0.9 亿元），Ikonos 中国总代同天视地公司（0.6 亿元）的销
售总额高达 3 亿元。我国的卫星通讯和卫星广播电视设备的核心部分，
如全国近 30 万个甚小口径天线终端核心部分全部是进口，资源一号卫
星、海洋一号卫星等卫星的首套地面接收设备和数据处理软件是进口。
多项卫星应用关键技术尚未突破，例如贯穿整个遥感产业链的核心技术
和应用软件仍然被国外产品多垄断，国内用户使用的摇杆数据处理软件
几乎全部来自国外产品。Erdas、PCI、ERMapper、ENVI 等占据了国内
市场 99% 以上的份额。同时，也没有大型卫星地面设备专业化制造运
营服务企业。据统计，全国从事遥感相关业务的组织机构和企业有 500
多家，大型企业很少，中小企业居多，"小、散、弱"的特点突出，主
要反映在企业资本规模偏小，国内企业注册资金最大的仅数千万元，相
当大一部分公司注册资金在 50 万～200 万元，遥感企业员工规模也较
小，100～200 人以上规模的公司不到 5%，绝大部分公司员工规模在 50
人以下。卫星应用市场产业规模小，效益差。2008 年底，我国有中国
卫通、亚太、亚洲三家固定卫星运营商，总共 11 颗卫星。空间段国内
总收入为 7.97 亿元，地面段 VSAT 通信经营企业有 38 家，总共收入约
10 亿元人民币，两项总产值大约占我国地面电信运营产值的 0.4%，而
发达国家卫星运营产值是电信运营业的 4%。相比之下，我们只有国外
的 1/10，差距十分明显。

汽车工业核心技术不多，新能源汽车在高端技术方面跟国外差距比
较大。比如在整车电池及控制技术，振动和噪声技术，以及车身节轻变
化，造型设计等共性技术方面基础薄弱。我国单机电池性能、电池成组
技术、能量管理与热管理、一致性水平等方面，明显落后于国外的先进
产品。电机驱动系统在产品集成度、可靠性和系统应用技术方面，与国
际先进水平存在较大差距。电控系统的核心芯片及封装技术主要依赖进
口，高性能纯电动汽车可靠性和工程能力落后于国外先进水平。

生物医药产业的高端设备、核心部件和关键技术仍大量依赖进口，
有与国外技术专利限制和资金密集型的特点，形成了很高的进入门槛，

大型医疗设备还有很多属于国产空白,与国外同行相比差距较大。同时,出口产品附加值低,医药出口主要是医药中间体和大宗原料药,制剂出口量小且基本出口到欠发达国家,生物医学工程产品出口也以中低端产品为主,生物技术药物、疫苗和诊断试剂出口尚处于起步阶段,企业国际化程度低,较少企业在境外建立研发、生产和销售机构,在国际标准和管理体制上与国外有明显差距。而且整个生物医药产业规模偏小,呈现产业集中度偏低的"小、散、乱"现象,与欧美发达国家相比,仍有很大差距。以生物制药为例,根据不完全统计,2008 年我国排名前 10 的制药企业销售规模只占总规模的 13.57%,而国际医药十强产业集中度达到 39.9%。比如占绝对统治地位的大肠杆菌表达的产品,同一产品生产厂家多、规模小、低水平重复建设浪费了大量的宝贵资源。由于大肠杆菌蛋白表达技术、发酵技术及产物纯化技术都是相对简单的生物制药生产技术,这些产品的基因及蛋白序列都没有专利保护,而生产工艺的专利几乎对产品开发没有任何限制作用,因此大肠杆菌表达的干扰素 – T、白介素 – 2、G – CSF 等细胞因子在国内都是几十家甚至几百家生产商,而生产规模均在几十克/年的实验室规模水平,绝大部分细胞因子生物制药企业的年销售收入都低于 1 亿元,盈利能力较低,甚至不少处于亏损状态。

环保、新材料等领域的关键和共性技术缺乏、核心材料依赖进口问题依然突出,规模已跻身世界前列的风电、光伏等领域也是如此。以风电产业为例,按照风资源分析、风力发电机组整机制造、关键部位、重要并网、海上风力发电等划分该产业的核心技术并与国际领先水平比较,其中只有风力发电机组整机制造和风力并网发电两项技术属于"落后于国外",其他技术全部"依赖进口"。还有一些高附加值的新材料也需要依赖进口。例如,2008 年我国高磁感取向硅钢的产能仅有 5.54 万吨,到 2009 年底所形成非晶合金薄带的产能也只有 4 万吨,而我国硅钢软磁材料的表现消费量接近每年 500 万吨;高端生物医用材料产品 90% 以上依靠进口;航空航天用高性能碳纤维目前全部依靠进口。

(三) 企业自主创新能力薄弱,缺少具有自主知识产权的关键技术

目前,我国战略性新兴产业以企业为主的技术创新体系尚未建立,产、

学、研结合不够紧密，技术开发投入不足。对产业发展有重大带动作用的关键和共性技术缺乏，一些核心技术尚未完全掌握，部分关键设备依靠进口。

例如，在信息服务业，我国的技术创新处于低层次，基础构架和核心技术都掌握在国际厂商手中，受制于人。在软件信息服务领域，SOA架构是国外厂商提出的，目前国内企业在这方面的理解和认识相对落后；在互联网领域，核心技术和关键装备长期由发达国家把持，我国虽然在网络装备领域取得突破性进展，高端路由器居全球第三，但是核心技术仍为发达国家掌握，高端服务器、操作系统、关键芯片仍为外国企业掌控；在业务服务方面，缺乏原始创新，业务创新上少，信息服务产品原始创新少，同质业务竞争现象严重。

在生物医药产业，研发投入不足，自主创新能力比较弱。我国制药企业研发投入较少，平均研发投入占销售收入比重仅为1%左右，不但无法与国外专利药公司占销售收入15%以上的研发投入比，与国外仿制药公司占销售收入5%以上的研发投入比也有很大差距。此外还存在技术创新资源分散，体系不健全，研发效率低，产业化能力低，工程技术落后等问题。

新材料产业的科技创新能力仍然比较差。过多依赖成套设备技术引进又不能消化吸收，是我国新材料及材料工业发展的薄弱环节。如建材行业内主要的节能减排绿色化技术的研究深度和开发推广力度不够，一些国家成熟的节能减排在国内应用和消化吸收速度非常缓慢。特种功能材料、航天航空材料等品种规格不全和产品结构不合理，生产和经营分散，生产技术不先进，缺少一些关键性在大型先进设备，综合技术指标和经济效益较低，质量保证和管理体系不健全，更为突出的是新材料工程化未受足够重视，材料生产批量小、性能不稳定，严重影响了新材料的推广和应用。

（四）现阶段市场和政策环境、体制机制与战略性新兴产业发展的要求不适应

由于相关配套改革不到位，目前还存在一些制约战略性新兴产业发展的体制、机制障碍，主要表现在以下几个方面：

1. 新兴产业市场培育和发展存在一些障碍。

首先，市场培育和发展过程中存在一些障碍性因素。部分领域（如电动汽车）处于市场导入期，需要政府对市场和消费做正确引导；部分领域（如环保行业）是政策驱动型产业，像"十一五"二氧化硫排放标准的提高和法规的严格执行，催生了烟气脱硫产业的萌芽和壮大。但在实际中，因为国家对生产和消费缺乏合理有力的引导，节能环保市场培育相对缓慢；还有部分领域（如风能、太阳能利用）单位成本较高，经济性较差，市场风险较大，风电还存在因局域电网能力制约和认识偏差阻碍其规模化发展的情况；另有一部分领域（如航空产业）受国家空域管制限制、国内公司偏好进口国外飞机等原因，难以大规模发展。

其次，市场准入制度存在明显缺陷。一是市场准入规则中仍存在一些歧视性标准，准入不公平问题突出。二是标准过低。比如创新型药的标准过低。三是一些政府滥用市场准入权利或不当设立准入情况比较严重。突出表现为在地方保护、部门分割、行政性垄断等方面，一些地方政府在立法和执法环节滥用市场准入权力，提高外地企业和产品进入本地的壁垒。例如，药品招标采购和流通中存在严重的地方保护；节能环保领域招投标流于形式等等。

再次，规范的市场秩序尚未形成。目前国内知识产权制度不完善，侵权现象屡有发生；市场竞争手段和竞争行为不合法；恶性竞争；产品质量问题突出；市场受到国外跨国公司低价倾销和不公平贸易行为的损害，如化工新材料市场。市场不规范的主要原因是市场集中度低，重复建设严重。比如医药市场有近5000家企业，但前10位的企业产品销售收入总额只约占全国制药工业产品销售收入的10%；风电设备投资一哄而上、重复建设、重复引进，风电机组整机制造企业超过80家，还有很多企业准备进入风电装备行业，这种情况加剧了企业间的恶性竞争。

最后，国内市场中跨国资本限制国内资本竞争。目前，我国某些战略性新兴产业领域已经出现国外跨国公司利用市场优势地位和独有的知识产权限制竞争的问题，某些领域超前开放可能会影响到我国战略性新兴产业的安全。例如种业市场存在被外资控制的局面；国内医药市场对外资全面开放，使得创新药和高端医药市场被外资或合资占据。

2. 产业发展政策环境还不完善。

战略性新兴产业的培育和发展是个长期、持续的过程，产业发展初期投入高，风险也高，尤其需要政府强有力的支持。尽管各地积极研究制定鼓励新兴产业发展的财税、金融、人才等优惠政策，并出台系列重大工程和行动计划纲领。但总的来说，有利于产业发展的政策环境仍未形成。主要存在以下问题：一是现有政策落实不到位。例如，技术开发费用 150% 抵当年应纳税所得额这一政策，很多地区落实不到位；《电信法》缺失，信息化方面立法明显滞后，不仅是已有立法范围只覆盖了信息化建设很小的领域，而且立法效力层次很低。二是现有财税政策不完善，针对战略性新兴产业的扶持力度不够。例如，包括电子信息、生物医药等多个行业企业和研究机构共同反映，现有财税政策对研发周期长、风险高的新兴技术开发初期的支持规模和强度还远远不够。三是现有金融支持环境还不适应战略性新兴产业的发展要求。表现为现有创业投资规模小、投资缺失、融资性担保机构不发达、多层次资本市场不完善，导致大批处于创业初期、成长期的创新型企业融资困难，资金瓶颈制约明显。比如，生物企业绝大部分规模较小，缺乏信用，以其自身条件，很难从银行贷款。加之国内创业风险投资机制缺失，天使资金、资本市场、担保体系不健全，生物企业科研成果无论在初创还是产业化阶段均难获得资金支持。四是有利于人才培育、流动、"人尽其才"的制度体系有待进一步完善。据部分企业反映，现阶段产业人才供应存在较为严重的结构性供需不平衡问题。以生物产业为例，根据我国高校生物相关专业在校人数、入学率和毕业率情况估算，预计到 2020 年，相关领域将增加 400 万名本科以上生物产业科技人力资源供应数量，但是，限于生物产业人才培育周期长、现有科研和教育体制落后，产业急需的高端人才仍有 3 万~4 万人左右的缺口。此外，还存在人才结构不合理、高端人才不足等问题。如航空人才短缺，已不能满足需要，随着航空战略性新兴产业发展，航空人才短缺矛盾将更加尖锐。

3. 部分领域体制机制不完善。

新兴产业的迅速发展、壮大需要良好的体制机制环境。如美国的互联网产业能够迅速发展，一方面得力于国防技术可以应用于广大民众的体制环境，另一方面主要取决于美国特有的产学研用密切结合、开放平等、互动性强的创新网络机制。欧洲第二代通信产业的快速兴起关键在于行业协会、欧盟标准组织、运营商、各成员国管制机构围绕第二代移动通信标准的通力合作机制。

加快我国战略性新兴产业还面临着一些急需解决的机制问题，主要包括：一是企业尚未真正成为技术创新的主体，产学研用紧密结合的机制没有形成，科技和经济脱节问题依然突出。比如，清华大学作为著名的、科研成果产业化做得比较好的高校，其一年的科技成果产业化率也仅为4%。二是创业成果产业化中介机构缺失，技术创新成果转移机制亟待建立，知识产权保护制度不健全，创新主体的利益不能得到有效保护，影响了创新主体的积极性。三是符合战略性新兴产业特点和要求的资本市场不完善，投融资改革严重滞后，科技成果转化缺乏畅通稳定的资金供应，特别是中小企业融资在初创期、种子期阶段，资金供应没有制度保障。四是部分领域管理体制改革滞后。如节能环保产品和新能源上网电价的定价等价格机制形成问题。还如新能源包括的种类很多，所涉及的管理部门也比较多，由于缺乏统一的行业管理，部门管理也比较分散，无法形成合力。五是条块分割、政出多门，缺乏有效地协调和决策机制，有关规定、政策没有形成合力。例如，"三网融合"相关的行政管理体制，生物医药产业的新药审批程序和通用航空发展的空域管理规定，卫星应用的军民结合机制等问题。

三、培育和发展战略性新兴产业的原则和基本思路

培育和发展战略性新兴产业要以邓小平理论和"三个代表"重要思想为指导，深入贯彻落实科学发展观，紧密围绕经济和社会发展需要，把握世界科技和产业发展方向，围绕转变经济发展方式、调整经济结构和培育新的增长点，坚持统筹谋划、分步实施。坚持有所为有所不为，坚持政府引导和市场运作相结合、统筹规划与多方协调相结合、国内和国外相结合，整合政府资源，集聚社会资源，完善体制机制，努力提升自主创新能力，加快具有自主知识产权的科研成果、技术标准的产生和转化，不断提升战略性新兴产业在贸易、生产与投资、技术创新等领域的水平，推动战略性新兴产业持续快速发展。

（一）基本原则

1. 面向国际、基于国情的原则。

必须深入把握国际科技和产业发展的新方向，充分学习借鉴了解国际科技和产业发展的客观趋势。我国的比较优势与它国家不尽相同，必

须坚持立足国情，走中国特色的发展道路，选择适合我国国情和经济发展阶段的发展模式，把解决经济社会发展的重大瓶颈制约问题作为战略性新兴产业发展的出发点和落脚点。要以国际视野和战略思维，把握世界科技和产业发展新方向，努力抢占国际经济科技竞争制高点。

面向国际、基于国情的另一层次要求，就是发展战略性新兴产业一方面要高度重视自主创新，突破和掌握关键核心技术，拥有自主知识产权。另一方面，自主创新是把握以引进、消化、吸收、再创新在内的开放式创新，不但要积极开展国际合作，而且应该是多样化的国际合作。

2. 重点突破、全面发展的原则。

推动战略性新兴产业发展，必须集中力量加强攻克难关。温家宝总理在政府工作报告中强调，要抓住机遇，明确重点，有所作为。现在提到的战略性新兴产业有七类，细分再研究可能会有更多类别，要从总体上把握有所为有所不为的原则，必须突出向对培育新的增长点、推动发展方式转变、促进结构调整优化升级、实现经济又好又快发展有重要作用的关键领域全力推进。同时，兼顾战略性新兴产业的整体发展，积极储备创新资源，培育新的经济增长点，夯实中国战略性新兴产业可持续发展的基础。

3. 统筹规划、因地制宜的原则。

发展战略性新兴产业面临着全新的发展机遇，必须以战略思维及时规划，统筹规划，及时推动战略性新兴产业的发展。要分清轻重缓急，统筹规划战略性新兴产业在贸易、生产与投资、科技创新等领域的发展重点。因为各个地方情况不同，各地战略性新兴产业发展在具体重点选择上也可能有所不同，不同省市之间的发展重点也可能不同，但必须紧密结合本地区的产业基础、资源、人才等等条件，因地制宜，找准战略性新兴产业的切入点和突破口，明确方向。

4. 深化改革、创新体制的原则。

改革现有制约战略性新兴产业发展的体制机制，创新体制机制，必须要正确把握好战略性新兴产业发展的规律，要正确的遵循科技创新的发展规律，要正确发挥政府的引导作用，充分发挥市场配置资源的基础性作用，把企业作为创新主体放在突出位置，发挥好企业的积极性、能动性和创造性。

5. 政府和市场相结合的原则。

在市场经济中，战略性新兴产业发展仍然必须基于市场机制的作用，不能完全依靠政府的干预来完成。因此，必须坚持市场主导、政府推动，把充分发挥市场机制的基础性作用和政府的引导推动作用结合起来。主要运用市场供求机制、价格机制等促进战略性新兴产业发展，充分调动市场主体的积极性。但对关系国家经济、社会、国防安全的战略性领域和战略性新兴产业的关键环节，要发挥强有力的宏观规划指导、政策激励诱导以及必要的组织协调作用，集中力量办大事。

（二）支持战略性新兴产业发展的思路

1. 面向国际、立足国情，对现行的产业发展情况进行分析和评价，摸清现状，选择合适的战略性新兴产业。

加快培育战略性新兴产业是我国抢占未来国际经济科技制高点的重要举措，必须深入把握国际科技进步和产业发展的客观趋势。同时我们的比较优势条件和需求与其他国家不尽相同，必须从中国的具体国情出发，考虑我国社会经济发展的重大需求、我们的市场、我们的比较优势和我们现有的基础条件。在这个基础上，对现行产业情况进行分析和评价，充分了解发展现状，才有可能正确选择战略性新兴产业，并且在国际竞争中把握主动，达到事半功倍的效果。同时还要高度重视自主创新，注重突破和掌握关键核心技术，积极开展多种形式的国际合作，拥有自主知识产权，这也是我国转变经济发展方式的关键。

2. 根据所确定的战略性新兴产业发展的目标任务、具体领域和范围，明确战略性新兴产业发展重点，并且要因地制宜。

推动战略性新兴产业发展也必须集中力量攻克难关。温家宝总理在今年的政府工作报告中强调，要抓住机遇，明确重点，有所作为。因为各地方具体情况不同，在高度重视国家共性战略性新兴产业发展的同时，各地对战略性新兴产业在具体选择重点上会有所不同，不同省市之间发展重点也可能不同，但必须紧密结合本地所确定的战略性新兴产业发展的目标任务、具体领域和范围，找准战略性新兴产业发展的切入点和发展重点，支持战略性新兴产业的发展。

3. 根据战略性新兴产业的不同领域、产业发展的不同阶段，合理选择相关政策措施，全程推动战略性新兴产业发展。

一是对于处于种子期的战略性新兴产业，如空间技术，下一代网络等，做好技术研发的培育工作，建立研究单位与企业间合作机制，促进产学研结合。引导国家项目和中央单位科技成果转化，选择重点项目与国家计划配套支持，早期介入，引导成果在本地区转化。

二是对于处于萌芽期的战略性新兴产业，如新能源汽车、新材料等，围绕重点发展领域与环节，建立联盟基地等，促进产业集群的形成，并做好配套设施建设，营造产业发展的良好氛围。支持和促进面向市场的产业社会服务体系的发展，提倡发展从研究、生产、应用、装备到金融一条龙的行业协会、联合会，及技术服务与咨询等多种服务的中介机构。

三是对于处于曙光期的战略性新兴产业，如生物医药、生物育种等，引导企业有效竞争，整合企业资源，培育大型企业，以引导产业迅速发展。通过大型企业带动能集聚大量的中小企业，它们之间在技术上既替代又配套，在市场上既竞争又结盟，互相创造需求又共同向着更高水平迈进。一方面能增强产业和区域经济的抗风险能力，能在整体上参与国际竞争。另一方面能形成上下游关联、产品互补、资源互补、功能互补的产业链条。

四是抓好产业集群的空间集聚，推动整体产业竞争力的提升。着力打造产业集聚区、专业园区和产业带的建设。

4. 注重科技和经济结合。

发展战略性产业是应对国际复杂经济环境变化、依靠科技推动经济结构调整的战略性的举措。大力发展战略性新兴产业，就要注重科技和经济相结合。唯有如此，我们才能充分利用现有科技和经济体系及其潜在优势，遵循经济和科技发展规律，促进产学研结合，促进创新驱动与产业发展相结合，促进经济、科技结合，依托战略性新兴产业来支撑和引领我国经济社会可持续发展。注重科技和经济相结合，就是要依靠科技创新推进战略性新兴产业发展。

从科技引领发展的要求来看，要高度重视新能源产业发展，创新发展可再生能源技术、节能减排技术、清洁煤技术及核能技术，大力推进节能环保和资源循环利用，加快构建以低碳排放为特征的工业、建筑、交通体系。要着力突破传感网、互联网等关键技术，发展现代服务业，推动产业结构调整和升级。要加快微电子和光电子材料、纳米技术和材料等领域的技术创新，尽快形成具有世界先进水平的新材料和绿色制造体系。要积极发展转基因育种技术，提高农产品的产量和质量，要通过创新药物和基本医疗体系的核心技术，形成以创新药物研发和先进医疗设备制造为龙头的医药研发产业链。要加强空间、海洋和地球生物研究开发，充分发掘和利用好各种战略资源。

在技术创新方面，从技术创新开始，到最终产品，再到末端消费品，要形成完整的产业链、产业体系和相关产业政策体系。要做到：以企业为主体，引导创新要素向企业集聚，尽快形成中国特色的技术突破和机制；以需求为导向，构建战略性新兴产业研发和产业化，实现技术创新向产品的聚焦；以市场实现为目标，推动创新政策向扩大市场需求定位，培育一批具有国际市场竞争力的品牌产品，打造一批跨国经营能力强的龙头企业，形成一批战略性新兴产业的集群。

5. 注重科技与金融合作。

在大力发展战略性新兴产业过程中，科技与金融的合作已经成为培育新兴战略性产业和自主创新企业的重要手段。如何更好地发挥金融的引导支持作用，实施科技和金融合作，并同时实现金融机构的转型创新，关系到战略性新兴产业的发展和壮大。

通过以实施科技金融创新工程，进一步完善技术与资本高效对接为机制，以拓宽直接融资渠道，完善多层次资本市场体系为重点，加大金融创新力度，健全投融资体系，充分发挥金融在促进战略性新兴产业发展中的关键作用。主要可以考虑以下几个方面：

（1）加快完善多层次资本市场体系。可以通过进一步完善创业板市场制度，支持符合条件的战略性新兴产业企业发行上市，加快形成以创业板为核心的产业与资本有机结合机制。积极推进统一监管下的场外交易市场建设，满足处于不同发展阶段创业企业的需求。完善不同层次市场之间的转板机制，逐步形成各层次市场之间的有机联系。

（2）大力发展创业投资和股权投资基金。可以通过优化创业投资和股权投资的发展环境，推动处于成长早期阶段的创新型企业发展。积极为保险公司、社保基金、企业年金和其他机构投资者参与创业投资和股权投资基金创造空间和条件。建立和完善监管体系，促进创业投资和股权投资行业健康发展。

（3）加快发展公司债券市场。可以通过建立健全集中统一监管的公司债券市场，鼓励固定收益类产品创新发展，为符合条件的战略性新兴产业企业提供多元化融资渠道。

（4）鼓励商业银行加强对战略性新兴产业的支持力度。可以通过鼓励有条件的商业银行设立专门服务于战略性新兴产业的部门或机构，在控制风险的基础上，发展适合创新型企业特点的信贷产品，将一定比例的信贷资金用于支持新兴产业发展。积极发展中小金融机构和新型金融服务机构，鼓励金融机构创新服务方式和手段。

6. 遵循客观发展规律，处理好市场、企业和政府的关系。

发展战略性新兴产业，要高度重视市场需求、充分发挥市场在资源配置中的基础性作用，深入研究在今后一个时期中国乃至世界有哪些重要、广阔的市场需求。随着经济社会的发展，群众收入水平不断提高，物质文化需求也在不断增加。但是产品需求分为很多种，有很多需求和收入不是正相关的，有很多产品的需求和 GDP、居民收入发展正相关性非常强。有些是刚性需求；有些是负相关的。所以，在今后 10 年或者更长的时间，有些产业，包括生物、生物医药、新一代电子信息技术等，会有很快发展，而有些产业可能发展就不那么快。因此，一定要重视市场的客观需求。

发展战略性新兴产业，也要充分发挥企业的积极能动作用。只有企业能动性发挥出来了，战略性新兴产业才能搞好。政府要支持有条件的企业做大做强，要支持产业联盟、企业合作，同时也要支持中小企业发展，做专做精，大中小并举，多种所有制企业并举，形成充分发挥企业积极能动性的好氛围。与此同时，还要注意加强产学研结合。培育发展战略性新兴产业政府要摆正位置，不能包打天下，要有所为有所不为。改革开放 30 年来实践经验表明，中国特色社会主义的特征就是在政府的宏观调控下，让市场在资源配置中起基础性作用。政府要科学制定规划，制定必要的政策措施，推进体制机制创新，创造良好的发展环境。对某些公益性强、事关全局的重要产业，政府必须有一定的资金投入。对一些关键的重大技术，政府也要发挥作用，但不能包揽。

7. 注意统筹协调，处理好当前和长远的关系。

发展战略性新兴产业必须做好统筹协调工作。战略性新兴产业各产业之间要注意相互促进，也要注意国家和地方的规划有效协调，还要注意国家已有的促进高新技术产业发展相关政策规划的相互衔接，形成合力。要充分利用各方面的成果，形成合力。同时，在编制规划的过程中，战略性新兴产业专项规划要和国家和地区经济发展规划衔接好，也要与科技发展等"十二五"重点规划衔接好。

　　由于战略性新兴产业的培育和发展需要一段时间，在研究近期战略性新兴产业的发展思路和规划时，也要注意对长远发展有一定的分析和展望。在研究中长期发展的同时，近期能做的事情也不要等，要组织实施若干重大专项工程，为当前进一步保持平稳较快发展和经济结构调整发挥积极作用。另外，发展战略性新兴产业还必须注意和传统产业的发展水平提升相结合。

四、构建支持战略性新兴产业的政策体系

（一）财税政策

　　财税政策是国家调节经济最重要，也是最有效的政策工具。发挥财税政策的引导激励作用，促进战略性新兴产业发展，是世界各国的普遍做法，也是发达国家的成功经验。我国培育战略性新兴产业，更离不开财税政策的支持。建立健全财税政策支持体系，我国十分重视战略性新兴产业的发展，在战略性新兴产业提出来之前，就出台了一系列支持高新技术发展的财税政策，对于我国高新技术产业的发展、战略性新兴产业的孕育发挥了积极的作用。但由于受到民生支出压力等因素的制约，财税扶持政策方面仍然存在一些问题和不足，如财政科技投入相对不足、体制机制存在约束尚未形成系统的财税政策支持体系、投入方式有待创新、政府采购有待完善、财政投入资金绩效管理机制需要创新，税收优惠政策中所得税政策准入门槛太高、优惠环节设置不合理、税收优惠方式和税种单一、政策目标不够明确、增值税改革仍有待深化，等等。要进一步支持战略性新兴产业的发展，需要在总结前期财税扶持政策经验、分析问题与不足的基础上，根据战略性新兴产业的具体范围、所处的发展阶段和特点等方面，制定合适的财税政策。

　　对于支持战略性新兴产业发展的具体财税政策选择，可从财税政策类型、产业发展阶段和具体产业类型三个角度进行分析：

1. 从财税政策手段类型角度选择。

（1）财政支出政策。主要包括：一般预算支出政策、专项资金政策、财政补贴政策、财政贴息政策、财政担保政策等。其中，一般预算支出政策是指增加除国债外的预算投入直接用于支持战略性新兴产业发展。专项资金政策是指政府通过政策资源和资金渠道，设立战略性新兴产业发展专项资金，推动建立稳定的财政投入增长机制，以此为杠杆，着力支持重大关键技术研发、重大产业创新发展工程、重大创新成果产业化、重大应用示范工程、创新能力建设等。财政补贴是一种影响相对价格结构，从而可以改变资源配置结构、供给结构和需求结构的政府无偿支出。财政贴息是政府为支持特定领域或区域发展，根据国家宏观经济形势和政策目标，对承贷企业的银行贷款利息给予的补贴。财政担保是以使用风险投资的原理支持政府倡导的领域加快发展，而促进战略性新兴产业发展恰恰是政府扶持的重点领域。可以根据不同行业、不同领域、不同发展阶段，灵活选取合适的财政支出政策手段，以切实提高财政支出政策的针对性和有效性。

（2）税收优惠政策。一是对已有税收政策支持的产业领域，根据发展需求进一步完善现有制度规定，加大优惠力度；二是对没有税收政策支持的产业领域，纳入相关税收政策范围或制定新的税收政策；三是根据生产、流通、消费不同环节和不同产业发展阶段，明确实施优惠的税种和具体优惠方式。在税种选择上，应更多地运用企业所得税，少用增值税等流转税政策；在税收优惠方式上，应更多地运用间接优惠手段，少用直接性优惠手段。

（3）政府采购政策。主要将需要支持的战略性新兴产业的产品和相关市场服务纳入政府采购范围，培育新兴产业市场。在具体政策方式上，可考虑应用政府首购和订购政策，将战略性新兴产业产品纳入采购范围；完善现有自主创新产品、节能和环保产品的优先或强制性政府采购制度，加大对相关产品的采购支持力度。

2. 从产业发展阶段角度选择。

由于战略性新兴产业所包括的各类产业之间的差别较大，有必要根据产业发展的不同阶段，合理选择不同的财税支持手段。

（1）科技研发阶段。科技研发是战略性新兴产业发展的重要基石。在技术研发期→成果转化期→初步产业化→规模市场化的纵向链条中，财税政策支持越是向前移动，其政策效应就越明显。因此，财税政策应该将着力点更多地放在这个阶段。在具体政策上，可采取加大对基础研究的财政投入，激励企业技术创新的税收优惠政策、财政补贴、奖励等政策；加强引进技术消化、吸收和再创新方面的投入政策和相关税收政策。

（2）示范推广阶段。对示范推广阶段进行财税政策支持，也是培育战略性新兴产业的重要环节。在具体政策上，可采取企业投资方面的财政补贴、财政贴息、担保等投入政策，通过财政大力支持担保事业的发展，引导金融等社会资金的投入；相关产品的财政补贴和奖励政策，有的是生产环节给予补助，有的在产品消费环节也可以补贴；减轻企业负担方面的税收优惠政策。

（3）应用和产业化阶段。相对而言，对于能够形成产业化的阶段，财税政策不应干预过多。但仍然可以根据各类战略性新兴产业的实际情况，实施相应的财税政策。具体政策包括：培育市场方面的财政补贴和政府采购政策，减轻企业负担的税收优惠政策等。

3. 从战略性新兴产业领域角度选择。

根据不同战略性新兴产业的各自特点，对新能源、新材料、信息通信、生物产业、节能环保、电动汽车、高端装备制造等产业选择合理的财税政策支持。

例如，对于电动汽车产业，可以选择的财税政策包括：（1）加大对电动汽车研发的财政投入；（2）对电动汽车的生产或消费给予财政补贴；（3）在汽车购置和保有环节的税种（消费税、车辆购置税、车船税）上制定优惠政策；（4）将电动汽车纳入政府采购范围。

总体来看，支持战略性新兴产业发展的财税政策设计，可主要从财税政策手段类型和产业发展阶段的角度进行考虑。同时，在对现行财税政策进行梳理评价，明确战略性新兴产业的具体范围、各个产业领域的发展阶段和特点等方面后再进行制定更为具体的财税政策。

（二）产业政策

产业政策是国家（政府）系统设计的有关产业发展，特别是产业结构演变的政策目标和政策措施的总和。世界上主要市场经济国家如美国和日本等国，都曾在不同时期启用各种产业政策，对于提升产业结构、增强产业竞争力发挥了至关重要的作用。产业政策的作用主要是弥补市场缺陷和实施赶超战略。由于战略性新兴产业具有市场不确定性、高风险性以及技术含量的高标准要求，加上产业发展要符合区域长远发展的战略导向，因此，对于战略性新兴产业的产业政策制定应以积极扶持和有效引导为主。现阶段我国培育和发展战略性新兴产业应坚持科技支撑、政府引导和市场推动三项原则。

具体来讲，产业政策取向应体现在以下几个方面：

一是充分发挥科技创新的主导作用。战略性新兴产业区别于其他传统产业的显著特点在于其技术的前瞻性。突破现阶段的技术瓶颈是今后工作的重中之重，加大对科技创新的投入是必要手段。要保证全社会研发投入的稳定增长，加大对科技成果转化专项基金以及引进国外先进技术设备等的投入。发挥企业创新主体的作用，加大对企业研发的投入，以及对企业创新成果的奖励力度。

二是政府直接投资，建设区域内先导性新兴产业。战略性新兴产业属高投资、高收益和高风险产业，由于市场的诸多不确定性，令许多中小企业望而却步。而大企业一般具有稳定的经营方向，也较少涉足新兴风险行业。政府可通过招标、参股等形式对区域内有发展条件、未来前景广阔、有带动作用的产业进行投资，确保投资规模和技术的先进性。这样，不仅可以带动民间投资的增长，也可以形成较强的竞争实力，对其他企业产生很好的示范和激励作用。另外，政府也要做好全局规划并加强监管，切忌盲目投资，导致相似产业一哄而上形成低水平重复，及时审查，定期考核，避免因管理不当带来投资的损失。

三是完善协调配套政策，建立战略性新兴产业的一条龙服务体系。产业政策的有效作用在于有协调配套的政策体系与之相适应，单一的政策很难发挥其应有的作用。要有效整合各种资源，不断完善财税政策、投融资政策、科技政策、区域发展政策及外贸政策等，加快战略性新兴产业发展。改革财税政策是发展新兴产业的重中之重。新兴产业在起步阶段，遇到的最大难题就是资金和技术瓶颈，政府为解决企业的燃眉之急，可以通过贷款担保、贴息（企业技术改造贴息贷款）和风险补贴等方式加大对科技型中小企业的引导和激励，同时运用税收减免手段予以鼓励和扶持；建立政府采购制度，确保新兴产业产品的市场；充分发挥区域、外贸政策对新兴产业发展的辅助作用，通过发展园区经济发挥高新产业的辐射带动作用，加大对国外先进技术装备的引进力度，并严格控制资源型产品的出口。

四是加大市场培育力度，着力推进信息、技术、资本、土地、人才等要素的市场化进程。首先，要加快培育信息和技术市场。完善各种中介咨询服务机构，打造面向中小企业的公共技术服务平台和信息共享平台，有效实现供需对接。其次，要积极构筑产学研用紧密结合的开放型创新体系。广泛开展企业与科研院所的技术合作，大力实施自主创新技术和产品示范推广工程，加快推动科技成果的产业化进程。最后，发挥企业作为创新主体的作用，坚持以市场和用户需求为导向，努力使科技创新服务于产业调整的需要。

五是创新商业模式，带动公众消费理念的转变。传统的低价、低成本竞争的商业模式最终只能将我国的产业分工锁定在低端水平。商业模式的创新主体在企业，而创新氛围的培养则在于政府的积极引导和全社会的努力。例如，目前节能电动车普遍存在"叫好不叫座"的现象，消费者认为成本高，不时尚，但电动车长期使用，就会使成本大幅下降，是非常划算的；再有，一些建筑行业出于外观的考虑，不赞同在顶楼安装太阳能电池，许多用户由于生活习惯也不愿意使用太阳能。为此，政府应通过多种途径，引导民众的消费理念创新。要鼓励公众自觉参与节能和环保行动，培养对无形产品（包括专有技术、软件和设计能力等）的重视，对创新精神的崇尚，并倡导企业积极探索新兴市场。

（三）金融政策

总体上看，我国目前金融业仍然以银行业为主，银行业发展水平较高，证券业发展水平不高，保险业则是相对落后。我国的间接融资规模和数量均低于西方发达市场经济国家的平均水平，这也表明我国仍然是对信贷的依赖程度较高，间接融资发达，资本市场等直接融资不发达的国家。因此，只有结合我国的具体情况，加快推进金融创新，完善多层次金融体系，才能全方位地支持我国战略性新兴产业健康、可持续发展。

对于支持战略性新兴产业的发展，具体的金融政策可考虑以下几个方面：

一是加快完善多层次资本市场体系。进一步完善创业板市场制度，支持符合条件的战略性新兴产业企业发行上市，加快形成以创业板为核心的产业与资本的有机结合机制。积极推进统一监管下的场外交易市场建设，满足处于不同发展阶段创业企业的需求。完善不同层次市场之间的转板机制，逐步形成各层次市场之间的有机联系。

二是大力发展创业投资和股权投资基金。优化创业投资和股权投资的发展环境，推动处于成长早期阶段的创新型企业发展。积极为保险公司、社保基金、企业年金和其他机构投资者参与创业投资和股权投资基金创造空间和条件。建立和完善监管体系，促进创业投资和股权投资行业健康发展。

三是加快发展公司债券市场。建立健全集中统一监管的公司债券市场，鼓励固定收益类产品创新发展，为符合条件的战略性新兴产业企业提供多元化融资渠道。

四是鼓励商业银行加强对战略性新兴产业的支持力度。鼓励有条件的商业银行设立专门服务于战略性新兴产业的部门或机构，在控制风险的基础上，发展适合创新型企业特点的信贷产品，将一定比例的信贷资金用于支持新兴产业发展。积极发展中小金融机构和新型金融服务机构，鼓励金融机构创新服务方式和手段。

（四）人才政策

从我国人才储备看，发展战略性新兴产业所急需的人才尤其是企业高端人才仍很短缺，一些关键技术的开发人才也很短缺，在人才培养上还需要大力加强。

具体的人才政策可考虑以下几个方面：

一是鼓励人才引进。国家和各级政府要建立人才引进专项资金和高端人才项目资金，重点引进高层次创新创业人才，特别要引进高层次创新创业团队，加大支持力度，积极吸引海外优秀人才来华创新创业。

二是加强人才培养。为战略性新兴产业进行的人才培养，不同于一般意义上的人才培养，最重要的是在技术体系内部的专业化团队中，在团队化产品开发、生产、服务实践中的人才培养。这就要求我们要进行制度创新，加快在实践中培养出战略性新兴产业所需的人才队伍。一方面，可以依托高校、科研院所和骨干企业，以重点学科、重大项目、重点产业的实施和管理为载体，激励一部分高校和科研院所的技术人才进入培育发展战略性新兴产业的第一线，培养适应战略性新兴产业发展需要的各类人才。另一方面，鼓励企业与大学联合培养战略性新兴产业人才，支持和鼓励企业为大学和科研机构设立实训基地。第三，开展高校教育体系改革，积极培养创新型人才、开拓性基础人才，使毕业生进入战略性新兴产业企业能尽快适应要求。要建立和扩大高校学生实训基地，提高学生动手能力。同时，由于战略性新兴产业知识更新快、技术进步快，高校要部署好战略性新兴产业人才的再教育工程，促进人才的可持续发展。

三是完善人才的使用、评价和考核机制。将人才引进、培养与科技创业、科研项目有机结合起来，探索建立技术、专利入股、期权等政策，充分调动科研机构和人才创新创业的积极性，确保高层次人才引得进、留得住、用得好。

四是全面实施知识产权战略。激励原创性技术的研究与开发，加强知识产权的应用，国家投资形成的知识产权由承担者所有，对具有重大社会效益的创新成果实行国家购买制，完善知识产权的评估和交易制度。

总之，支持战略性新兴产业发展的各项政策是一个有机体系，单独几个政策很难发挥其应有的作用。要充分发挥各种政策的有效性还在于构建一个协调配套的政策体系。要有效整合各种资源，不断完善财税政策、金融政策、人才政策、区域发展的产业政策及外贸政策等，加快战略性新兴产业发展。同时，从客观上来看，由于历史条件、区位条件、资源禀赋、经济社会发展水平等方面的原因，加快培育和发展战略性新兴产业的一系列政策还是要根据各地不同的比较优势，制定各地非均衡发展政策。应在"全国一盘棋"的前提下差别对待，引导各地区形成特色优势产业群，不搞一个模式、一个要求。

第三章

培养和发展战略性新兴
产业的国际经验借鉴

历史证明，历次科技革命中，政府都发挥了不可或缺的促进作用。后进国家实施赶超战略，更离不开国家的重视与政府支持。目前在第四次科技革命的酝酿与发展过程中，许多国家政府都把科技创新、产业与产品创新作为克服经济危机的根本出路；培养与发展战略性新兴产业，成为各国政府的共同选择。

一、科技革命离不开国家的重视与支持

科技掌握着一个国家的经济和军事命脉，举起了科技的大旗，就能握住自己的命运和未来，使领先者的优势更加明显，也能使暂处劣势者后发而先至，实现跨越式发展。而科技革命的发生，更离不开国家的重视与支持。

（一）第一次科技革命

18世纪70年代开始于英国的工业革命无疑是人类历史上一场划时代的巨大变革，它根本地改变了西方乃至整个世界的面貌。

1. 以蒸汽机发明为标志的科技革命，推动机器大工业迅猛发展。

第一次科技革命发生在18世纪后半叶的英国，以蒸汽机的发明为标志，纺织工业、机械工业、冶金工业、造船工业为主的产业革命是这次科技革命的产物。到19世纪30年代末，机器大工业在英国占了绝对优势，使其成为第一个工业强国。随后，法国、德国、美国等在19世纪30~40年代相继完成了产业革命。

作为最早进行技术革命的英国，是当时真正实现结构性转变的国家。凭借科技革命和产业革命，英国迅速崛起，成为世界头号经济强国，开始了其霸主地位。从工业和农业这两个主要物质生产部门所占比重看：1831年英国工业化比重超过了60%，1871年更是达到了73%，而同期法国工业化的比重还停留在55%左右；从人口结构看，1851年，英国城市人口占总人口的52%，大大高于其他欧洲国家。18世纪前，英国还落后于法国等不少欧洲国家，但到1860年，这个当时仅占世界人口2%的岛国，生产的工业品已占世界总量的45%，出口总额和进口总额分别占世界进出口总额的1/4和1/3，英国也从世界古典文明的边缘地带，一跃而成为世界近代文明的中心和当时唯一的工业化中心。

2. 英国政府支持措施及相关财税手段。

任何国家的人在从事经济活动和进行技术创新时都离不开国家的支持。第一次科技革命之所以首先发生在英国，主要是由于该国在16、17世纪时，英国政府为经济增长提供了良好的环境。

（1）完善相关法律制度，鼓励技术创新。1642年，英国颁布了第一部专利法（即《独占法》），直接保护和刺激了人们的技术发明和创新活动。在专利法的保护下，创新的报偿已不再受王室偏爱左右，而是得到包含在习惯法中的所有权的保障。

技术发明并不是现代的产物，只是历史上的发明数量很少，不会像第一次科技革命时期那样大量、集中地出现。主要原因是国家对于技术发明的鼓励是偶然性的，而且发明一旦成功，便会被别人无偿模仿，发明者得不到任何报酬。这就出现了经济学上所讲的正外部性，即对于发明者来讲，出现了私人收益率和社会收益率的严重不对等。而有效的产权制度能使发明创新者的私人收益率不断地接近社会收益率，从而激励人们不断进行创新发明。

英国在进行第一次科技革命之前已经建立了包括专利制度在内的有效所有权体系，这极大地加快了创新的步伐，从而使得发明创新成为一种职业。专利法的颁布，进一步掀起了发明创新的热潮，从而促进了技术进步和经济增长。

（2）利用财税手段，推动制度创新。1720~1740年，在首相沃波尔使政府财政理性化的努力中，英格兰银行开始发挥金融调控的作用。同时，英国政府通过税收使收支平衡的做法，使各地银行存款增加。这些银行可以给商人、农场主和工业家提供贷款，使其扩大了生产，扩大了海内外贸易量。

英国通过发展新商业技巧和组织艺术，减少了海外贸易的不稳定性和代价。这些技巧和艺术，主要是通过船舶代理人、船舶买卖经营人、水上保险商以及特别的代理人和中间人实现的。通过他们，英国内地的贸易商就可以同世界各地市场进行贸易，同时英国政府发展了强大的海上舰队，保护海上贸易。

英国政府通过发展贸易，带动了英国银行业和外汇市场的发展，伦敦成为世界金融的中心，英国调控经济的能力大为提高。

（3）扶持企业的发展，实现组织创新。英国相对强大而稳定的政府，在 17 世纪晚期和 18 世纪，与那些对企业更有利的法律和政策相结合，确保了一个稳定的政治环境。在这一阶段的英国，人和思想的社会流动使商业和其他社会构成部分的关系不至于脱节，而在其他国家这种脱节却非常严重。丰富的自然资源和理想的地理位置，使企业家的业务活动相对更容易，加之已积累的财富，进一步刺激了企业活动。

在英国政府的支持下，市场规模逐渐扩大，这也诱发了企业组织从家庭和手工业生产纵向一体化走向专业化。第一次科技革命是企业组织变化的结果。企业组织变化扩大了经济规模和专业化，从而降低了生产成本和交易费用，使企业组织在经济竞争中更有生命力。市场扩展、经济组织的创新伴随着生产技术的进步，成为英国工业革命时期经济快速增长的巨大推动力。其中，经济组织的革命是英国工业革命最重要的部分。它使以家庭为基本单位的自给自足的生产，转变为为市场而进行的资本主义生产。这种生产使用专业化分工、先进的资本设备，通过专门的经济组织即企业，给经济发展增添了活力。

（二）第二次科技革命

1870 年到 1940 年，世界兴起了以电力技术革命为代表的第二次科技革命。电力科技革命起源于德国，完成在美国。电报、电话、电灯，这三大发明照亮了人类实现电气化的道路。

1. 以电力应用为标志的科技革命，推动电气、钢铁等新兴产业迅速兴起。

第二次科技革命的物质技术基础是电与钢铁。随着以电气工业和钢铁工业为主的一系列新兴产业的兴起，到 19 世纪末，重工业在世界中开始占重要地位。美国和德国抓住第二次技术革命和产业革命的契机，大力发展新兴技术和产业，在铁路、煤炭、钢材和舰艇制造等方面展现出勃勃生机。英国霸主地位的沦落，美国、德国的崛起，是这次科技革命的一个重要特征。

19 世纪 60 年代，德国兴起了以电力应用为标志的第二次科技革命。在 20 世纪初，德国就跻身于世界强国之列，实现了历史性的大转折，掀开德国历史上重要的一页。正是由于德国科学技术人员的积极进取和创新精神，再加上德国比英国、法国更重视自然科学与工业生产相结合，尤其重视应用科学研究，这使德国在 19 世纪中期以后，在科学技术发展方面迅速赶超英法，取得了显著成就。据统计：从 1851 ~ 1900 年，德国取得的重大科学技术成就共有 202 项，而同一时期，英国只有 106 项，法国只有 75 项。

另一后起之秀美国，在 1869 年以前，还处于南北分裂、经济落后的状态，但是从 1870 ~ 1890 年短短 20 年间，通过工业技术革命，美国的产值上升了 9 倍。1890 年，美国工业产值跃居世界第 1 位。1900 年，人均收入超过欧洲。1913 年，成为世界经济的霸主。

2. 德国政府支持措施及相关财税手段。

德国政府通过有目的的制度安排和激励，促使本国实现工业化，引领了第二次科技革命。

（1）根据本国国情，大力培养创新性的制度环境和组织。德国在发展过程中，没有完全照搬别国模式，而是根据自己的国情和所处的国际环境，采取正确的经济发展战略来实行工业化，这是德国政府创造性思维的结晶。他们从经济现实中选择了适合后进国家发展的有组织的资本主义模式，抓住后发优势，以重工业为突破口，使得德国经济快速发展，完成了工业化。可以说，没有思维和意识形态的创新，就没有德国的强大。

此外，德国政府还积极培养促进企业快速崛起的制度和组织架构。德国通过银行对企业参股、贷款以解决企业所需资本问题，并且大型银行重点支持大型企业，对发展中的强者进行援助，以促进大企业发展。政府通过成立卡特尔组织，既保证了生产者和投资者的回报率，又避免了过度竞争。

（2）通过国家政权干预经济，大力推进改革。德国的工业化是政府主导的工业化。为尽快摆脱落后局面，促进经济腾飞，德国各邦政府都充分发挥了国家政权干预经济的作用，大力推进改革，主要措施有：通过实行高关税政策，以保护民族工业；兴办国营企业，资助私营企业；派遣官员出国考察，学习先进经验；招聘外国工程技术人员，组织成立科学研究团体，及时介绍国外新技术和科研成果等。

在国家干预方面，普鲁士堪称表率。早在工业革命准备时期，普鲁士政府就组织成立了技术委员会，颁布了专利法，两次派遣官员赴英国考察学习。19世纪30年代末，普鲁士政府制定了铁路法，以加强对铁路建设的统一规划、指导和监督。19世纪40年代由政府拨款设立了铁路基金，资助私人铁路公司。从1848年起，政府开始直接修建铁路，到19世纪60年代时，国有铁路已占普鲁士铁路总数的一半以上。

在19世纪后半期工业腾飞时，德国政府的经济改革措施都以政令方式颁布实施，有效地干预和推动了工业化，使得德国工业生产以超常的速度发展，迅速赶超了英法等国而雄踞欧洲首位。

（3）大力推行教育改革。教育和科技对于工业化最为深远的影响在于它的智力支持，德国持续地推行教育改革，大力促进新技术的开发利用，从而使德国在近代工业化进程中有了取之不尽的智力资源。

早在18世纪末期，德国就确立所有6～13周岁儿童都应该接受普通教育的原则。1825年，普鲁士实现义务教育制度，到19世纪60年代学龄儿童入学率达到97.5%，基本实现了教育普及。此外，在普通中学中，增设了自然科学课程；在高等学校中，贯彻教育、科研与生产相结合以及基础研究和应用研究相结合的方针。

教育使得德国国民科学文化水平普遍提高，文盲率降低到欧美各国的最低水平，还培养出了一大批像西门子那样集企业家、科学家和工程师于一身的优秀人才，获得了发电机、电炉、煤气发动机、电车、合成染料等一系列重大发明，成为当时的世界科技中心。

（4）成立关税同盟。在德国工业化进程中，关税同盟起了重要作用。1834年以普鲁士为首的关税同盟成立，该同盟共有17个德意志邦国，并已具有了现代关税同盟的基本内涵，即对内取消关税壁垒，对外实行统一的关税。关税同盟有力地推动了德国工业的发展，促进了德国由落后的农业国向现代工业国家的转变。

德意志关税同盟所产生的最直接最突出的效应就是内部市场的统一和海外市场的扩大。关税同盟盟约规定，废除同盟境内所有的关税和过境税，在各成员邦国之间将实行贸易和交通自由。这实际上是自由贸易原则在德国内部的应用。交易成本的降低和资源配置的便利，降低了企业的成本和商品的价格，进一步刺激了国内消费和工业生产的扩张。

除了统一内部市场，促进国内贸易畅通外，德意志关税同盟为德国的工业制品开辟了宝贵的海外市场。普鲁士代表同盟积极谋求同外国的经济合作，与荷兰、希腊、英国、比利时、奥地利、法国等签订了一系列的商务条约。几乎在所有条约中，德意志关税同盟都赢得了减税、免税或其他优惠条件，从而促进了德国工业生产的不断扩张。从机器供给看，关税同盟免征机器进口税，直接推动了机器在德国工业生产中的增长和普及，提高了各工业部门的机械化程度，加速了工厂工业的确立。从原材料供给上看，关税同盟对原料和某些半成品的开放政策所带来的巨大效应在德国纺织业发展中得到了充分体现。

（三）第三次科技革命

第三次科技革命发生于 20 世纪 40 年代末和 50 年代初，即第二次世界大战后，并持续至今。第三次科技革命无论从规模、速度和影响等方面都远超前两次，它引起了生产力和生产关系的一系列深刻变化，改变了世界的经济面貌和人类的生活状况。"二战"以后，"国家垄断资本主义进入一个空前深入、广泛和持续发展的时期"，[①] 国家从宏观和微观不同层次加强对经济生活的深刻干预，国家对科技发展的干预演进为全面的、系统的、永久性的行为，国家干预对第三次科技革命兴起和发展起到了巨大的促进作用。

1. 以电子计算机、原子能和空间技术等核心的科技革命，引发全球产业结构和就业结构重大变革。

第三次科技革命以量子力学、基因论和相对论的创立为科学基础。电子计算机、原子能和空间技术的发明与广泛应用，标志着现代科技革命的开始，同时，它们又推动着第三次科技革命向前蓬勃发展。自 20 世纪 70 年代以来，第三次科技革命进入新的发展阶段，以高科技为中

---

① 胡金元：《现代科技革命与资本主义经济》，中国旅游出版社 1993 年版，第 221 页。

心的科技革命突飞猛进地发展。许多新科学理论和生产技术层出不穷。生物工程及其应用、材料科学技术、能源科学技术、海洋科学技术、信息技术等等，不断出现新突破，这次科技革命中产生的新发现和新发明的数量比过去两千年的总和还要多。

第三次科技革命首先发生在美国，随后波及到西欧、日本等国家和地区。这次科技革命的兴起和发展，使生产力诸要素发生全面变化，劳动生产率极大提高，使各国经济获得了迅速发展，引起各国产业结构和就业结构发生重大变化，调整的一般趋势是第一产业在整个国民经济和就业结构中所占比重不断缩小，第二产业的比重先上升后逐渐下降，第三产业比重不断扩大，已至发展为最庞大的产业。第三次科技革命还加剧了各国经济的竞争与不平衡发展，世界经济格局走向多极化和区域一体化，同时，它空前提高了生产社会化的程度，促进国际协作和生产专业化深入发展，经济全球化的趋势不断加强。

2. 政府对第三次科技革命的支持措施。

20 世纪 30 年代资本主义经济大危机彻底宣告了市场自发调节的破产，以凯恩斯主义为代表的政府干预理论应运而生。"二战"后，资本主义国家进入垄断资本主义阶段，上层建筑日益强化其为经济基础服务的职能，尤其是加强政府的经济职能和社会管理职能。同时，随着科技革命的纵深发展，电子信息、生物工程、新材料、新能源、航空航天、海洋科技等高新技术呈现集群式突破，科学知识总量爆炸式增长，科技进步与经济、社会发展紧密融为一体，高新技术及产业呈现"高知识、高投入、高产出、高竞争、高风险"的基本特征，这迫切要求依靠政府力量谋划和支撑科技发展。在第三次科技革命中，国家对科学技术的支持进入了自觉、持久、全面的新阶段，国家的巨大作用，政府的宏观调控，成为刺激科技革命爆发、推动科技革命发展、引导科技革命方向的宏大外力和必要条件。

（1）国家成为科技发展资金的重要提供者。现代科技研究需要巨额经费，私人企业由于资金有限难以承担，国家实力雄厚。直接建立科研机构，开发和研制新产品，促进了科技发展。例如，发达经济国家由政府承担的科研经费约占全部科研经费的 40% ~ 50%，美国居首位，它依靠国家力量先后进行过"曼哈顿"、"阿波罗"登月、"星球大战"等三次大的技术动员，投资高达上万亿美元。

（2）国家成为科技发展的组织管理者和直接参与者。各国政府都密切注视世界科技发展的动向，及时制定相应地发展战略、规划和方针政策，对于私人企业不愿承担，但实际又需要的科研项目，国家便直接参与研究，科技研究走向国家化、组织化。

例如，在"二战"后约10年间美国就建立了一个庞大的政府科技体系，政府对科技工作由一般性的资助和协调，发展到政府直接出面主持庞大的科研项目，政府变成了发展科技工作的主要组织者和主要参与者，为科技发展提供了科学决策和组织保证。美国政府根据国家利益和形势变化不断调整科技政策，"二战"后到20世纪60年代，美国高科技政策和研究的重点主要集中于军事部门，60年代以后，科技政策的重点成功地向民用领域转移，从而保持了在当今高新技术发展格局中的领先地位，联邦政府对于航空、半导体、计算机和卫星通信的支持，协助创造了美国产业的繁荣。

（3）国家是科技人才的培育者。各国普遍认识到发展科技靠人才，因此都扩大教育投资，大力发展教育事业。例如，"二战"后，美国政府继续采取诸如给予外国科学家和工程师优厚工资待遇等措施，广泛网罗科技人才。20世纪50年代，为了从根本上改变美国客机在世界上的地位，联邦政府决定对教育实行重大改革，特地在1958年颁布《国防教育法》，强调数、理、化教学课程在人才培养中的重要性，并规定在1959～1962年间就要拨款8亿美元用于教育。再例如，"教育先行"是日本发展科技的成功经验。日本教育经费从1950年的15988亿日元，增加到1972年的722439亿日元，增长了近50倍。日本广泛建立科研机构，中央级科研机构人员众多，实力雄厚，在科技发展中发挥着主导作用，较大的公共组织和私人企业都有自己的专门研究部门，20世纪80年代，在自然科学方面，日本每万人中（26人）科技人员数，仅次于苏联（56人）和美国（28人）居第三位，高于德国（16人）和法国（13人）。

3. 政府支持科技革命的相关财税手段。

"二战"后，以科技研发投入（R&D）和税收优惠为主的财税手段成为国家干预和支持科技发展的重要途径和主要表现，对第三次科技革命的兴起和发展起到了特殊作用。

（1）强化科技研发投入成为国家干预科技发展的重要工具。第二次世界大战后美国历届政府都把强化 R&D 投入、推动科技快速发展摆在了重要位置，R&D 投入随着经济实力膨胀基本保持了同步增长。以美元不变价格计算，美国 R&D 投入从 1947 财年的 21 亿美元发展到 2000 财年的 2642 亿美元，增长了 125 倍，R&D/GDP 比例之高在发达国家中屈指可数，特别是由于 GDP 基数大，R&D 投入绝对数值遥遥领先。比 R&D 投入列世界第二位的日本的两倍还多，并一度超过经济合作与发展组织（OECD）其他所有成员 R&D 投入的总和。历届政府不断强化对 R&D 投入使美国保持持续自主创新能力，成为第三次科技革命发源地和最大收益国的根本原因。

（2）政府根据国际经济形势和本国经济发展战略动态调整预算投入重点。例如，冷战初期到 1957 年，因服务冷战需要，美国政府强化国防 R&D 投入，国防 R&D 支出占联邦 R&D 投入的 80% ~ 90%。1957 年至 20 世纪 70 年代初，空间科技主导了非国防研发方向，R&D 资源向"阿波罗"登月计划聚焦，1966 年该领域 R&D 支出占到了联邦 R&D 总支出的 66%。1973 ~ 1974 年的石油危机对国家经济安全产生很大威胁，导致能源 R&D 支出增加，能源 R&D 投入以美元不变价格计增加了 255%，1980 年占到非国防 R&D 支出的 24%。里根政府时期，加紧与苏联军事竞赛，军事国防 R&D 支出再度急剧增加，占到联邦政府 R&D 经费的 70%。20 世纪 80 年代后期，进入 R&D 军转民调整时期，政府将 R&D 重点向军民两用的高技术领域聚焦，军民用 R&D 经费比例得到均衡调整，在克林顿政府时期，2000 财年联邦研发预算民用部分首次超过军用部分。

（3）政府根据本国经济发展水平和科技发展状况不断创新预算投入方式。"二战"后很长一段时间，美国联邦政府一直是 R&D 活动的主要投入者，如 1954 年，联邦政府提供了 17 亿美元，占 R&D 总支出的 53%；1961 年提供了 92 亿美元，占 R&D 总支出的 66%，1964 年达到历史最高水平的 67%。20 世纪 80 年代以后，由于美国竞争力下降，政府开始调整科技政策，强调商业化的伙伴关系，强调产、学、官合作研究，强调民用技术的开发和商业应用，产业界的研究开发投入迅速增大，并从 1980 年开始超过联邦的投入，这种调整促进了 80 年代美国经济复苏和企业竞争力回升。此后，政府更加注重与产业界之间的合作，通过政府预算投入带动产业界投入，2000 年政府、产业界分别占 R&D

投入的 27%、68%。

（4）政府在科技方面预算投入非常注重国家的长远利益。例如，20 世纪 40 年代，日本的技术设备水平大约落后欧美主要资本主义国家 20 年。"二战"后，当国力有所恢复时，日本政府就把引进国外先进技术即"吸收性战略"，作为坚定不移的国策。在具体做法上，主要是购买外国最先进的技术，特别是基础技术的专利权，技术引进支出占研究开发活动总经费的 45% 左右。但是，引进技术的代价是沉重的，日本成为世界上购买专利经费支出最多的国家。即使如此，日本政府和企业仍然忍受巨大的牺牲而拼命引进技术，由于积极引进外国先进技术并注意使之国产化，不但解决了日本工业现代化问题，而且缩短了日本工业赶超世界先进水平的年限，日本以牺牲金钱为代价，在不到 20 年的时间里，一跃成为了世界技术强国。再例如，1994 年克林顿政府发布了具有战略意义的科学政策报告——《科学与国家利益》，进一步强调科学也是无尽的资源，由于私人投资明显地倾向于可短期获得应用的研发项目，联邦投资应进一步倾向于加强基础研究、重建科学基础设施，并加强长期的应用研究与发展。

（5）积极运用税收政策支持企业进行科技创新。与直接的 R&D 投入不同，税收优惠是面向企业的间接、公平、普惠的激励性政策，能够更多地促进技术发展的替代选择，20 世纪 80 年代以后，发达国家政府更强调通过营造更有利于私人部门创新的环境来促进民间研究开发的活动，税收豁免和优惠成为政府支持科技研发和科技成果转化最重要的政策手段。例如，美国联邦政府对 R&D 支出的税收减免开始于 20 世纪 50 年代，美国税法规定，私人资本为建立科研机构而捐赠的款项一律免税；工业企业为建立非营利性科研机构而提供的资金免交所得税。1981 年，里根政府为扭转美国经济"滞胀"的窘况，大力推行以刺激供给、调动企业积极性为目的的经济政策，出台了《经济复兴税法》，鼓励企业开展研究开发活动，加强技术改造和投资。1985 财年政府提供给企业的设备投资、科研税收优惠、折旧优惠超过了 310 亿美元，相当于同年度联邦预算直接拨出的科研费用总数的 60%，刺激了企业对科研开发的直接投入。1993 年，为激励公司开展远期性研发活动，增加研发投入，联邦政府建议永久延长研究和试验的税收优惠，鼓励企业投资于周期较长的新技术、新产品的开发。2001 年，国会批准了研发领域永久税费优惠，成为美国科技税收优惠政策的一个里程碑。

（6）注重多种政策协调配合，发挥政策合力。在第三次科技革命中，国家干预和支持科技发展需要多种政策的协调配合，财税支持政策并不是独立于其他政策之外的。例如，在美国，财税政策并不是促进产业界研究开发的唯一途径，相应的法律规章、科技政策、金融政策、产业政策、贸易政策在促进产业界技术创新中也发挥着巨大的作用。在英国，从1997年至今，政府发布了5份关于国家创新战略的白皮书和一份《2004～2014科学与创新投入10年框架》，与创新战略相匹配，政府增加了对科技型中小企业的贷款，通过对研发项目的税收补贴鼓励企业研发与创新。而且，不仅政策支持体系对科技发展十分重要，改进科技管理体制和决策机制也同样重要，克林顿上台后，就成立了总统直接领导下的科技决策机构，这种做法已经为不少国家采用。

（四）第四次科技革命

2008年国际金融危机爆发后，世界各国为了克服或走出这场世界性经济危机除了积极采取"刺激经济"、扩大内需和增加就业等措施外，很多发达国家以及一些发展中国家都把科技创新、产品与市场创新等作为克服和走出经济危机的根本力量和根本出路。在这种情况下，很多科学家都认为，在沉寂了60年之后，世界各国正处在科技创新突破和科技革命前夜，第四次科技革命正在酝酿和发展，例如，中国科学院院长路甬祥在中国科学院2009年度工作会议上预言，人类的第四次科技革命已在国际金融危机中酝酿，而新能源革命将是这次科技革命的关键突破口。

1. 以新能源技术为核心，纳米技术、生物技术、信息技术和认知科学为代表的科技革命，推动相关新兴产业正在蓬勃发展。

目前，以新能源技术革命为核心、以纳米技术、生物技术、信息技术和认知科学为代表的先导性技术和产业正在蓬勃发展，并且处于高度融合、交叉、全方位渗透过程之中，成为推动社会发展的重要要素，也将成为第四次技术革命的主要发展方向。

在过去100年内，由于工业革命的影响，人类消耗了地球历经数百万年所集聚形成的碳氢化合物的一半，石油资源已过"供应顶点"，继续依靠传统能源的经济发展方式已经难以为继。因此，对新能源的开发和利用已经提到议事日程。与大量消耗煤炭、石油等碳氢化石能源不同的是，新能源的开发和利用将以可再生能源为主，联合国开发计划署把新能源分为以下三大类：大中型水电；新可再生能源，包括小水电、太阳能、风能、现代生物质能、地热能、海洋能；穿透生物质能。新能源技术就是在实现上述新能源开发与利用的技术突破的基础上，通过对能源消费结构和能源利用方式进行重新设计和规划，从而催生以新能源为主导的又一次全球新技术和新产业革命。

与此同时，随着知识经济的到来，纳米技术、信息技术、生物技术（认知科学）的发展也方兴未艾，并且成为 21 世纪的先导技术，通过这些技术将科学与技术融为一体，并以此为指导，实现科学、合理、综合、高效地利用现有资源，实现知识经济与新能源技术的融合，将成为第四次科技革命的重要发展方向。

因此，在未来 10 ~ 20 年，很有可能发生一场以绿色、智能和可持续为特征的新科技革命和产业革命，并将会彻底改变全球产业结构和人类文明发展的进程。

2. 政府对第四次科技革命的支持措施。

基于前三次科技革命的历史经验，世界各国政府都意识到，谁先捕捉到科技革命第四波的技术并快速投入到科技革命第四波的浪潮中，谁就能在全球经济社会发展中取得优势和领先地位。因此，各国政府都在应对国际金融危机的同时，大力提升科技进步，支持新能源技术的发展。

（1）美国：推进能源管理，实现能源供给的战略转型。根据奥巴马公布的能源政策，美国将逐步实现能源供给的战略转型，在电力方面将大幅减少对中东石油的依赖，到 2012 年，美国发电量的 10% 将来自可再生能源（这个指标 2025 年将达到 25%），汽车方面将促使政府和私人行业大举投资混合动力汽车、电动车等新能源技术，减少石油消费量；在新能源技术方面政府将大量投资绿色能源——风能、新型沙漠太阳能阵列和绝缘材料等，此外，美国还将发展智能电网产业，全面推进分布式能源管理。

（2）日本：提出要建成世界第一环保节能国家。日本政府在应对国际金融危机过程中，出台了一份称为"未来开拓战略"的新能源发展规划，提出要将日本建成世界第一的环保节能国家，其主要发展方向是要通过加大投入，使日本在太阳能发电、蓄电池、燃料电池、绿色家电等低碳技术的相关产业市场上确保优势，并且获得全球第一的相关市场份额。与此同时，日本政府已经从 2009 年开始着手"宇宙太阳能发电"项目的研究，此举不仅有利于扩大太空利用范围，而且有助于解决全球气候变暖和能源问题。

（3）英国：以低碳经济为契机，推进相关产业的实际发展。2009 年 4 月，为帮助英国经济尽早从国际金融危机的沉重打击中实现复苏，英国政府制订了一份战略计划——《建设英国未来——新产业 新工作》，提出英国需要在主导 21 世纪发展的产业革命中，通过不断实现科技突破，在确保科技水平在世界名列前茅的同时，不断提高低碳经济的发展比重，并借此推动相关产业的发展。

（4）俄罗斯：通过推进科技创新，不断寻求新经济增长点。俄罗斯在国际金融危机中虽然没有受到直接影响，但为了恢复昔日超级大国的地位，也在不断推进科技创新，大力发展以纳米技术及核能技术为核心的技术革命，不断提高科学技术水平，同时，加大投入，大力发展航空航天事业，努力保持在航天领域的强国地位，力争在实现科技发展的同时，找到新的经济增长点，为俄罗斯经济发展注入新活力。

（5）印度：以科技立国为方针，实现经济崛起的战略构想。国际金融危机发生以来，作为"金砖四国"之一的印度，其经济发展并没有受到明显影响，依然保持了较高的经济增长速度。但在其他国家纷纷制定未来科技及经济发展战略以应对国际金融危机的影响时，印度与世界上其他国家一道，也对未来的科技方针和经济增长提出了相关规划，明确提出要以高科技立国，通过科技水平的提高，在实现持续经济增长的同时，实现军事实力的不断提升，并且以此为基础发展成为世界强国。

3. 财税手段。

在应对国际金融危机过程中，世界各国出台了大规模的经济刺激计划，在这些计划中，除了力求在对危机企业进行救助的基础上实现扩大内需和增加就业等短期目标之外，为了实现产业结构的协调发展，不断增强国家经济和科技实力，都把提高科技水平、促进科技创新、加速产品与市场创新、实现产业结构升级换代等作为未来发展的根本力量和根本出路。因此，在实施经济刺激计划的过程中，世界各国都遵循第四次科技革命的主要发展潮流，根据各自的实际情况，选择未来需要长远发展的新兴产业作为实现经济复苏和促进国家经济长远发展的突破口，并采取相应财税政策支持相关新兴产业发展，这些财税政策一方面是针对新兴产业的发展，扩大财政资金的支持力度，另一方面是通过对符合相关要求的企业给予各种税收方面的优惠以提升企业参与新兴产业发展的积极性。这些国家支持的新兴产业与我国确定的战略性新兴产业具有较强一致性，所采取的相关措施具有良好的借鉴意义，下节对此进行分国别的专门研究。

二、目前主要经济体支持战略性新兴产业发展的实践及相关财税措施

在当前"后危机时代"，为了尽快地走出经济衰退，世界各国积极地采取措施，培育新的经济增长点。美国、欧盟、日本等发达国家和新兴经济体重新认识到实体经济的作用和本国经济发展的缺陷，开始采取一系列政策措施促进实体经济发展，政策着力点以扶植新兴产业为主。目前世界各国对于新兴产业发展侧重各有不同，都选择了不同的新兴产业作为突破口。美国重整本国制造业，欧盟大力发展绿色经济，日本侧重能源和环境产业。当前，全球经济发展模式面临调整，转型已成为新的时代主题。全球化与信息化这两股浪潮，在世界范围内降低了分工所导致的交易成本，使产业垂直一体化进一步解体，推动了产业国际分工网络的扩大，使更多发展中国家可在包括新兴高科技产业领域的更多产业链上找到能够发挥自己比较优势的环节。发展中国家和新兴经济体采取一系列措施，大力推动本国新兴产业的发展。

（一）美国

1. 制定振兴美国制造业的框架。

2008 年金融危机爆发以后，美国政府就不断加大对新兴产业的支持力度。美国的战略性新兴产业是以复兴制造业为核心的"再工业化"的战略思路，主张重新加强对国内工业尤其是制造业发展的重视，通过促进制造业高速增长，让美国回归实体经济，并力图转向"出口推动型"经济发展方式。美国奥巴马政府将政策重点放在新能源和环保产业上，同时也十分强调干细胞、航天航空、宽带网络的技术开发和产业发展。

（1）《2009 年美国复苏与再投资法案》。2009 年 2 月 15 日，美国

总统奥巴马签署总额为 7870 亿美元的《美国复苏与再投资法案》（以下简称《复苏法案》），其中新能源为重点发展产业，主要包括发展高效电池、智能电网、碳捕获和碳储存、可再生能源如风能、太阳能等。为了促进新能源产业的发展，其要点是在 3 年内让美国再生能源产量倍增，足以供应全美 600 万户用电，这是过去计划在 30 年内才能达到的目标。

其次是继续加大对生命科学和生物技术的支持。近些年来，许多国家都将生命科学与生物技术列为科技创新政策的重点领域之一，不断加大相关科学与技术领域的支持力度，以求占据未来生物经济发展的有利地位。奥巴马政府十分重视生命科学和生物技术，尤其是在生物医学研究领域，不仅明确支持胚胎干细胞研究，而且把基础性基因组学研究向个性化医疗转化作为优先扶持的领域。

（2）《美国创新战略：驱动可持续增长和高质量就业》。在提升制造业创新水平方面，美国政府于 2009 年 8 月颁布了《美国创新战略：推动可持续增长和高质量就业》，主张通过重构国家创新基础，强化美国自主创新的基本要素；通过鼓励发展有效创业的竞争市场，为创业和风险投资营造良好的环境，保持并提高美国公司在全球创新领域的国际竞争力；通过扶持重点行业（清洁能源、先进车辆和健康信息等）的研发，推动战略性新兴行业的重点科研项目取得突破。仅开发新能源美国计划 10 年投资 1500 亿美元，创造 500 万个就业岗位。

2. 财税政策措施

（1）财政投入。一是增加新技术和企业创新的投入。美国复苏及再投资法案有史以来研发投入增幅是最大的，达 180 亿美元。增大投入将用于美国制造业。包括：对关键科研机构的研究开发预算增倍。在 2010 年复苏预算法案中，奥巴马总统提出对关键科研机构的研究开发预算增倍（美国国家科学基金会，能源科学部及国家标准研究所和技术实验室项目）；通过技术创新项目（TIP）刺激制造业创新。TIP 通过在关乎国民需求的关键领域进行高风险、高收益的研究来支持、推动、加速美国的创新。此领域一项成果就会潜在地刺激制造业新的能力——不管是生产技术、原料科学还是领先的设计选择。奥巴马政府让本项目获得成功，加速创新：TIP 投入经费预计从 2009 年的 6000 万美元涨到 2015 年的 1 亿美元。

二是加大在先进的交通和通讯基础设施上的投入。包括：增加国家的道路、桥梁和公共交通投入。"复苏法案"中提供了360亿美元的资金用于基础设施项目来提高美国的高速公路和公共交通系统。奥巴马政府也提出了"为了效益投资"改革，会提高交通融资系统的透明度和职能，提高交通投资的回报率，推动长期经济增长；增加在清洁城市基础设施上的投资。DOE在天然气、电气、生物燃料汽车及基础设施上增大了投入。在2009年8月份，DOE为25个清洁城市联合拨款将近3亿美元。拨款支持全国大型公用和私人交通联合，支持部署9千辆替代燃料汽车及500个替代燃料基础设施；改造成现代化电网"复苏法案"提供了45亿美元用于支持Smart电网，包括开发技术提高节能，更大地满足顾客需要，更多地储存能源，及提高"Smart电网"的其他要素。另外，"复苏法案"将Bonneville电力及西部电力的借款权限提高了32.5亿美元，让二者都可以在输送线路上投资，在当地提高再生能源的开发；扩大宽带的使用。"复苏法案"提供了72亿美元用于扩大宽带范围，2010财年预算提供了13亿美元的贷款和拨款用于提高宽带容量和电信服务。这会充分提高使用21世纪网络的美国人数量。高速、普及的互联网对于经济增长、工作就业、全球竞争力很关键，会培养下一代的创新者。

（2）税收优惠。一是对从事可再生能源和新能源研究的公司提供税收抵免，并将研究及实验性税收抵免固定下来。确定地告知公司他们需要在美国做长期的研究实验投资，政府2010预算包括在未来几年将研究和实验长期固定下来的全部费用。长期实行税收抵免会给企业增加更大的信心，他们需要启动能够提高生产力水平的新研究项目，提高生活水平，提高竞争力。75%以上的贷款是来源于工资收入。贷款会给企业提供重要的增加工作机会的动力。

二是制造业税收抵免。先进能源制造业税收抵免支持生产绿色经济所需产品设立或配置新工厂、扩大或重新配备工厂。该项目覆盖很多清洁能源技术，包括再生能源、先进的节能交通及传输方式。"复苏法案"中23亿美元税收抵免会用来支援75亿美元的资本投资。这个项目产生的收益比预期的还要多。DOE和财政部收到的在技术上有应用可行性的申请比实际能够资助的要多很多。美国政府没有拒绝那些有价值的申请人，他们愿意投资在私营企业上，在美国成立工厂为工厂提供配置，在美国生产清洁能源产品。2009年12月16日，政府宣布支持扩大这个项目，将投资提高到 50 亿美元。这些资金会继续支持一些在建项目，会提供成千上万建筑制造业的就业机会，在未来生产清洁能源产品方面，继续保持美国的领先地位。

三是其他税收优惠。包括以 7000 美元的抵税鼓励消费者购买节能型汽车；现金拨款替代税收抵免。在"复苏法案"通过的时候，许多再生能源项目停工了，因为很少开发商有能力享受生产税收抵免（PTC）。一些预测估计这个行业的缩减率会从 25% 涨到 50%。ARRA 允许再生能源项目享受 30% 的拨款替代生产税收抵免。本项目已经支持了 10 多亿瓦的再生能源项目。

（3）其他政策措施。一是使用奖励及反向拍卖来刺激技术创新。这些方法瞄准了很多关键领域，他们可能是未来与制造业相关的财富及工作机会的提供者，包括电池、纳米、清洁能源及生物工程。奖励和反向拍卖可以联手，使用奖励手段刺激基础研究取得突破，反向拍卖支持早期产品和商品化，如推动电池技术。

二是为新成立的企业提供资本。"复苏法案"暂时降低了费用，提高了美国小企业署（SBA）担保贷款的担保水平，随着信贷市场的正常化，美国小企业署的借款增加了 61%，扩大了 SBA 商业放款人的基础。成长资本也是必不可少的。小企业投资公司（SBIC）借用债券项目在股本市场撤回投资的时候提供债务过渡融资。

三是对先进交通工具制造贷款项目。借助 250 亿美元的先进交通工具生产贷款项目，政府支持降低汽油的依赖性，生产更经济的替代产品。迄今为止，已经有 80 多亿美元奖励给了福特、尼桑、特斯拉、田纳克、菲斯克。福特的贷款会让美国中西部 5 个州的工厂每年生产 200 多万辆先进的内燃机汽车。提供给尼桑、特斯拉和菲斯克的贷款支持帮助他们在田纳西、加利福尼亚和达拉威尔设立了三个世界一流的电子汽车工厂，生产节能的汽车，提高国内行业的竞争力。

（二）欧盟

1. 支持战略性新兴产业发展：大力发展"环保型经济"和物联网技术。

与美国发展新能源产业有相似之处，欧洲重在提高"绿色技术"的水平至全球领先地位。此外，欧盟颁布了《欧洲物联网行动计划》，这项计划目的在于确保欧洲在建构新型物联网的过程中能够起到主导作用。

（1）制定发展"环保型经济"中期规划。欧盟委员会在 2009 年制定了一项发展"环保型经济"的中期规划。主要内容是，欧盟将筹措总金额为 1050 亿欧元的款项，在 2009～2013 年的 5 年时间中，全力打造具有国际水平和全球竞争力的"绿色产业"，并以此作为欧盟产业调整及刺激经济复苏的重要支撑点，以便实现促进就业和经济增长的两大目标，为欧盟在环保经济领域长期保持世界领先地位奠定基础。

欧盟发展环保经济的做法旨在促进节能型产品的生产制造和以提高能效为目的进行的设备更新换代。目前欧盟要求各成员国在挽救陷入危机中的汽车业时，就规定将注入汽车业的资金用于产品更新换代上。比如，救助汽车业的资金必须用于节能型汽车的研制和生产，必须用于小排量、洁净型或混合燃料汽车或电动汽车技术的研制和产品生产。同时，政府辅以消费优惠或补贴政策，从而最终起到开发新产品、保持就业稳定，带动消费及扩大市场的总体目标。

（2）实施欧洲物联网行动计划。欧洲委员会，通过研究和发展框架计划（FP5 - 6 - 7）和竞争力与创新框架计划（CIP），已经对物联网技术进行投资。例如，在交通运输领域，通过货运和物流以及智能交通运输系统行动计划。欧洲的工业也是物联网技术（例如电信设备、企业软件和半导体）强有力的参与者。推动物联网发展会因此加强欧洲的 ICT 部门，并且有助于诸如旅游、个人保健等其他部门的发展。具体的点行动计划内容包括：

一是加强政府治理。在所有相关论坛，委员会将发动并推进下列方面的讨论和决议：确立物联网的政府治理的一套基本原则；建立一个有效的分布式管理架构，使全球管理机构可以公开、公平、尽责的履行管理职能。

二是加强保护关键资源。一旦物联网发展达到了预期的重要性，那么任何的破坏都可能对经济和社会产生重大影响。因此，委员会将密切关注物联网基础设施的发展，尤其是关于关键性信息基础设施保护方面的活动，使物联网成为欧洲一个不可或缺的资源。

三是加强研发。欧洲委员会决定将继续资助 FP7（欧盟第 7 期研发框架计划项目）在物联网领域的研究项目，重点放在重要技术上，例如微电子学、非硅基组件、能量收集系统、无所不在的定位、无线通信智能系统网络、语义学、基于设计层面的隐私和安全保护、软件仿真人工推理和创新应用系统等。

四是加强公私合作。欧盟将通过公私伙伴模式支持"绿色汽车"、"高效能建筑"、"未来工厂"三个物联网起重要作用的项目，并将其作为刺激欧洲经济复苏一揽子计划的一部分，第四个公私伙伴模式的项目是"未来物联网"，旨在进一步整合与物联网未来发展有关的现有 ICT 研发力量。

五是评估进展情况。组建欧洲利益相关者的代表团，监督"物联网"的最新进展，支持相关措施的实施，评估需要采取的新措施等。

（3）制定欧洲 2020 战略。欧盟委员会 2010 年 3 月公布了指引欧盟发展的"欧洲 2020 战略"。该战略提出了欧盟未来十年的发展重点和具体目标。其中，包括 3 个发展重点，5 个要实现的具体目标，以及 7 大框架计划。

根据"欧洲 2020 战略"，欧盟未来经济发展的重点将在 3 个方面。一是实现以发展知识和创新为主的智能经济；二是通过提高能源使用效率增强竞争力，实现可持续发展；三是提高就业水平，消除贫困，增强社会凝聚力。具体目标包括要进一步增加研发投入，将欧盟 3% 的国内生产总值用于研发；将温室气体排放量在 1990 年基础上削减 20%，提高可再生能源在欧盟总能源消耗中的比例，使之占到 20%。

为实现上述目标，欧盟将在创新、工业政策、消除贫困等方面启动 7 项发展计划。实施智能增长的计划有三个，分别是面向创新的"创新型联盟"计划、面向教育的"流动的青年"计划和面向数字社会的"欧洲数字化议程"；实施可持续增长的计划有两个，分别是：面向气候、能源和交通的"能效欧洲"计划和面向提高竞争力的"全球化时代的工作政策"计划；实施全面增长的计划有两个，分别是面向提高就业和技能的"新技能和就业议程"和面向消除贫困的"欧洲消除贫困平台"计划。

2. 财税措施。

（1）欧盟的财政投入。一是在 2008 年 12 月欧盟各成员国发起的"欧洲经济复苏计划"中。50 亿欧元中一半将用来资助低碳项目：10.5 亿欧元用于 7 个碳捕获和储存项目，9.1 亿欧元用于电力联网（协助可再生能源联入欧洲电网），还有 5.65 亿欧元用于开发北海和波罗的海海上风能项目。

二是在"环保型经济"中期规划中，欧盟委员会计划将130亿欧元用于"绿色能源"，280亿欧元用于改善水质和提高对废弃物的处理和管理水平，另外640亿欧元将用于帮助欧盟成员国推动其他环保产业发展、鼓励相关新产品开发、提高技术创新能力并落实各项相关的环保法律和法规。

三是欧洲议会也将欧盟2009年预算向创新与就业等方面倾斜，其中用于科研和创新方面的预算增长10%以上。

（2）具体国家的财政投入。一是德国政府批准了总额为5亿欧元电动汽车研发计划预算，支持包括奔驰公司在内的3家研究伙伴，计划在2011年实现锂电池产业化生产，推动电动汽车产业发展。

二是法国政府宣布将建立200亿欧元的"战略投资基金"，主要用于对能源、汽车、航空和防务等战略企业的投资与入股。

三是英国为了应对目前的经济衰退，启动了一项批量生产电动车、混合燃料车的"绿色振兴计划"，希望经济尽快以"低碳经济模式"从衰退中复苏。

（三）日本

日本在未来开拓战略（J复兴计划）中指出，低碳革命将是其未来发展的重要支柱。节能、新能源、原子能、3R、水处理等环境、资源能源领域是日本经济的骨干产业，日本计划通过构筑新的经济结构，使地球变暖问题及资源、能源问题不但不会制约经济发展，反而成为其国富民强的来源。日本发展的重点项目主要包括以下几个方面：

1. 制订太阳能发电、节能世界第一计划。

为了促进以太阳能发电为首的新能源技术及节能技术的迅速普及，日本在推进技术研发的同时，创建一定规模的初期需求，有效地实现规模经济，降低成本。鉴于此，重点实施以下措施：

一是加速太阳能发电的应用。支持世界先进系统控制程序的开发，以实现稳定供电。在公共建筑物及公共设施、农业用设施等处，促进太阳能发电的应用。

二是加速开展建筑物零排放化。争取到2030年实现新建公共建筑物零排放，推进技术开发。加速住宅节能化，至2019年，采取一定节能对策的住宅比例占 50% 以上。

三是加快普及节能机器。促进采用节能技术的清洁家电迅速普及，通过"IT 设备自身节能"及"通过 IT 技术为社会节能"的手段实现"清洁 IT"。

四是集中实施环境、能源革新技术等的开发及验证。对构筑低碳社会所需要的技术及社会系统的应用进行验证（智能电网的验证、智能建筑的验证等），完善革新蓄电池、太阳能发电、超电导、纳米技术、清洁 IT、革新材料等的技术开发，促进不与海上风力发电技术、小水力发电技术、粮食发生竞争的第二代生物工程燃料的开发。

五是实现二氧化碳排放量的可视化。促进碳足迹制度，使制造阶段不仅可以使二氧化碳排放量可视化，还可以看见整体生命周期中对环境的贡献度。

2. 大力开发与普及环保汽车。

日本立足于建立低碳社会与增强日本汽车产业竞争力的同时，促进以新一代汽车为首的环保汽车的开发与普及。由此实现在世界范围内最先普及、高水准的"低碳汽车社会"的目标，日本计划到 2020 年，实现新一代汽车占汽车总量的 50%。

日本正在扩大对新一代汽车等环保汽车的需求。促进环保汽车的购置，力求在世界范围内率先普及新一代汽车。同时，对研究开发及投资设备等必要的资金筹措予以支持，推进基础设施的完善。

此外，日本在强化次世代汽车的国际竞争力。促进与新一代汽车相关的规格化及国际标准化。促进新一代蓄电池、高性能发动机等与环保技术相关的研发。

3. 推动交通、城市的低碳革命。

为了促进以运输部门为中心的交通、城市、地区的进一步低碳化，日本在对新一代交通工具进行开发及实用化的同时，完善有效的交通基础设施，使环保汽车充分发挥其能力。采取措施优化软、硬环境，以促进物流高效化的大规模运输及运输形态转换等。在小型区域内集中创建有益于人类及环境的城市及地区。

日本在世界率先开发并普及低碳交通工具。加快确立超电导磁悬浮、轨间可变电车和架线 LRV（应用蓄电池等的节能车厢）的实用化技术进程，积极推进船舶的无空转，促进新一代环保飞机相关的技术开发和普及。同时，日本进一步完善低碳交通基础设施，切实完善新干线，并向海外扩展世界最先进的铁道系统（如高速铁路、单轨电车等），积极促进公共交通工具的使用。

4. 实现资源大国计划。

日本通过对城市产生的废弃物中隐藏的庞大资源进行再利用，向国际积极推广水处理技术，强化原子能产业基础，强化国际资源获取战略，通过以上手段，来确立日本资源大国的地位。

日本通过革新技术的开发等，将废弃塑料处理方式由焚烧转换为再利用，实现低碳化及枯竭资源的节约，积极参与世界水商用市场，针对水处理系统的节能、低成本化进行技术开发及验证。此外，日本还大力推进含原子能产业部件相关产业的基础强化及含生产商、电气公司的总体国际拓展。切实建设国内原子能发电厂，尽早实现先进的原子能发电技术实用化。

5. 实施 IT 潜力战略。

作为带动经济社会活力及变更的原动力，极大限度地应用 IT 技术，为实现新型经济社会系统，切实以 IT 战略为本，实施以"三年紧急计划"为首的各种政策。

（1）以清洁 IT 带动世界。促进节能型半导体及能源设备等技术开发，以及清洁家电的普及；作为新一代的信心基础，率先在世界上实现云计算，集中实施根本节能化、高诚信化等开发、验证业务。

（2）强化应用 IT 技术龙头企业的竞争力。计划到 2015 年为止，IT 技术占汽车生产成本 4 成左右，IT 技术是各种企业竞争力的源泉，提高地区及中小型企业的活力；开发内容收集、流通、版权控制技术，并完善个人信息的保护政策；创建应用数字技术的新产业。

（3）构筑使用 IT 技术的亚洲知识经济圈。培养高级 IT 人才，支持构筑电子商务法律制度，创建日本的 IT 模式系统；在中南美扩展数字技术。

（4）加速电子行政。为了实现一站式行政服务，推进国民电子信箱；关于行政机构等，灵活对有用的行政信息进行电子化，使行政手续和业务通用化；促进官民共用实用型的云数据中心，以世界上最高的能源效率实现放心、高度的多样性民间服务及行政服务。

6. 日本政府支持战略性新兴产业的主要财税措施。

在支持战略性新兴产业发展方面，日本政府主要通过财政补贴、税收优惠、排放交易、信息服务、公众教育等措施，动员全社会相关利益方普遍参与，并通过开展"领跑者计划"、"自愿行动计划"、"清凉商务运动"等，推动技术创新，打造节能型经济结构，兼顾环境保护与经济发展双重目标。

（1）财政补贴。节能是日本政策支持的重点，政府为"国家节能技术开发项目"提供全额拨款，对"企事业单位节能技术开发项目"给予财政补贴。2001年，日本用于节能技术开发财政预算为970亿日元（约7.5亿美元），其中520亿日元用于国家节能技术开发和国际合作，其余40%用于资助企事业单位进行节能技术开发。2007财年，"节能对策"资金支出增长至1100亿日元。

日本政府还对一些重要节能技术开发、节能设备推广和示范项目实行财政补贴制度。对于参与日本自愿国内排放交易机制的私营机构，日本环境部就其实施的减排行动发放补助。对于企业安装节能设备和节能技术开发项目的贷款，政府提供辅助金，给予0.4%贴息；对于企业引进节能设备、实施节能技术改造，给予总投资额1/3到1/2的补助；等等。经济产业省每年约有400亿日元用于补贴家庭和楼房能源管理系统、ESCO和高效热水器等。

此外，日本政府通过政策性银行，如日本开发银行（DBJ）或日本中小企业融资公司，对进行节能投资企业给予贴息和低息优惠贷款。享受节能低息贷款的项目需要满足一定标准，如符合节能法相关规定，单个项目节能量超过100KL，可以提供1～30年期、利率2.2%的贷款支持（贷款占总额的50%）。企业改造现有设备、减少化石能源消耗、资源再生利用的技术开发项目，享受国家规定的特别利率优惠。2008年，经济产业省推出一项新政策"清洁发展共赢模式"计划，对CDM项目提供至少总投资额50%的启动资金。

（2）税收优惠。日本经济产业省定期发布节能产品目录，开展节能产品和技术评优活动，对使用列入目录的节能设备实行特别折旧和税收减免政策，减免税收约占设备获得成本的7%（上限为20%），给予特殊的加速折旧政策，即在正常折旧基础上，还可提取30%的特别折旧[1]。在2009财年预算中，调低了符合特定环境标准的机动车税负，并

---

[1] 前提是设备购置成本不高于所得税或公司应付税的20%。

推出为期两年的税收优惠措施，允许投资于节能和新能源设备和生产设施、如家用节能电器的生产实施直接折旧。

（3）政府采购。1995 年，日本制定实施了第一个"政府绿化行动计划"，撰写了绿色采购目标，公布了采购商品的建议清单。1996 年，政府与各产业团体联合成立了绿色采购网络（GPN），覆盖了日本所有地方政府、大城市及大公司，其目的是为了在日本的消费者、公司和政府组织之中促进绿色采购。2000 年，颁布了《绿色采购法》，规定了政府部门优先采购环保型产品的义务。2003 年，日本制定了"绿色采购调查共同化协议"（JGPSSI），进一步建立了绿色采购的信息咨询、交流制度。

（四）韩国

同其他国家一样，当前韩国经济发展也面临着诸多挑战。韩国政府于 2009 年 1 月发布并启动实施的《新增长动力规划及发展战略》明确强调，科技是未来韩国经济发展新的增长动力，

《新增长动力战略》最终确定了三大重点领域的 17 个产业作为重点发展的新增长动力。第一大领域是绿色技术产业领域，其中包括的新增长动力有：新再生能源、低碳能源、高质量水处理、LED 应用、绿色交通系统、高科技绿色城市；第二大领域是高科技融合产业领域，该领域包括的新增长动力有：传播通信融合产业、IT 融合系统、机器人应用、新材料纳米融合、生物制药和医疗设备、高附加值食品产业；第三大领域是高附加值服务产业领域，其中包括的新增长动力有：全球医疗服务、全球教育服务、绿色金融、文化创意和 MICE 观光等。

为了推进上述领域的实施，《新增长动力战略》重点从需求和供给两方面提出了一系列推进举措。

1. 在需求层面上，强化应用导向和市场牵引。

一是完善相关法律和政策，为培养和发展市场构建良好的制度环境。一方面，面向产业间融合和环境的变化，完善相关产业政策法规。如根据碳市场的兴起及低碳经济的发展，制定绿色金融产业政策等。另一方面，为恢复和激活市场机制，不断改进税制和相关产业政策。如在绿色高科技交通系统，进行税制支援等工作，以推进新能源汽车产业的发展。

二是给予财政扶持，为创造新的、初期的市场提供支持。重点利用公共需求，为新技术、新产品创造初期市场。如在 LED 应用领域，不断通过道路系统、邮局等公用事业的发展来促进相关技术的转化及市场化；在新能源方面，通过推动 200 万户绿色住宅计划的实施，加快新能源技术的推广应用。同时，加快试点工作的推进，不断拓展新兴产业发展的市场空间。如在高科技绿色城市领域，启动了 U–City 试点；在机器人应用领域，实施了 Robert Land 等试点工作。

三是强化基础能力建设，为率先抢占全球市场夯实基础。努力建立国际标准化和早期认证体系等。如在机器人、医疗服务、LED 照明等行业中加强标准化认证体系建设。在新能源和再生能源领域，明确公共机构和政府机关有义务、有责任率先使用相关新技术成果。

2. 在供给层面上，加快创新突破。

一是掌握核心主导技术，不断强化全球竞争力。核心技术是产业发展的关键因素。《新增长动力战略》针对本国对其他国家依赖度较高的产品和领域，重点加强相关产业和产品核心技术的开发。如高质量水处理（海水淡水化技术）、LED 应用技术、绿色交通（混合动力汽车的核心技术）、传播通信融合产业（IPTV 等核心技术）、IT 复合系统（智能汽车）等。

二是加强基础性技术的开发，增强国家持续发展的潜力。加快推进从"模仿追赶型战略"向"创造先导型"战略的转变，其中，基础技术研发能力的提升则是实现这一转变的重要基础。重点发展绿色基础技术，尤其是要致力于绿色基础性技术及信息技术（IT）、生物技术（BT）、纳米技术（NT）等融合技术的研究。

三是重点培养优秀专业人才，为产业发展注入活力。不断拓展本国中长期人才资源培养的根基，发掘新型人力资源的需求。重点支持相关大学，围绕新增长动力领域，推进复合型人才培养项目；设立并扶持新增长动力领域的相关专业研究生院，做好制度性的基础工作。

（五）俄罗斯

2009 年俄罗斯总理普京多次表示，尽管全球经济危机给航天工业带来了困难，但政府对航天工业的投资继续保持充足。俄罗斯联邦航天预算中经费上涨幅度最大的项目是"2006～2015 年联邦航天计划"，达到 670 亿卢布，占预算总额的 67%。俄罗斯目前实施的航天科技计划涉及的主要领域有：地球远距探测、卫星导航、地质勘探、环境监测、信息传播和农业、林业及水资源保护等。

1. 俄联邦航天局提出太空探索计划。

2009 年，俄罗斯科学院院士在"太空与全球人类安全"会议上发表题为《21 世纪太空探索的重要目标》的报告，阐述了联邦航天局的新航天发展计划。

新航天计划的 7 个目标是：第一，以纳米技术和其他先进工程决策为基础，完善航天技术与信息支撑技术（包括通信、环境监视等）；第二，充分利用太空的真空环境、零重力、原材料以及能源优势，发展航天制造技术与产品；第三，发展永久性有人空间站，使宇航员可长期留站从事生保技术研发；第四，建立有人月球基地，逐步建设用于月球研发的基础设施；第五，实现火星载人任务；第六，开发地球防护系统，以避免小行星和彗星的威胁；第七，开发不同用途的、采用先进电源的航天器。

2. 俄罗斯联邦会批准卫星导航新法规。

2009 年 1 月，俄罗斯正式通过了对军民两用的格洛纳斯（GLOASS）全球导航系统的法律，旨在增强俄罗斯的天空安全与防御能力，加强民用与货运安全，提高运输管理能力。2 月，俄联邦议会批准了该法律。这是俄罗斯首部关于卫星导航的法律，标志着 GLOASS 系统的军事应用将合法化。

该法阐述了 GLOASS 系统的目的、用途、主要概念、参与各方的权利和义务等。法规建议：在军事运输车辆和武器装备型号上，安装 GLOASS 定位系统及专用接收设备；按照俄罗斯国家武器装备发展计划，在 2011～2015 年政府将为国防部装备卫星导航设备投入 95 亿卢布。民用领域，法规允许私人在受限范围内使用 GLOASS 系统提供的服务；预计政府机构需要投入 35 亿卢布建设卫星导航设备和基站。政府将为此组建一个联邦运营机构，监督和管理系统的使用与运行状况。

3. 俄航天局确定优先发展方向。

2009 年 11 月，俄航天局副局长宣布了航天局 2020 年前四个优先发展方向。

一是通过部署和高效利用人造地球卫星的在轨集群，满足国防和国家安全、社会经济和科学领域的需要。计划到 2012 年，加强空间设施建设，确保电视通讯、授时和导航定位等功能，并促进俄罗斯企业参与国际市场竞争，拓宽空间技术与通讯服务市场；到 2016 年，用国产卫星开展从空间对地球乃至近地轨道的气象遥感服务，以实现对气象、环境和近地空间的连续监测，确保对地图测绘、紧急事件和自然灾害的预警。二是加快拓展任务领域，以全面自主地开展空间活动，确保俄罗斯进入空间的能力。三是履行对国际空间站的国际义务，开展全面的科学研究；未来 10 年，与国际空间站俄罗斯舱段同时运营的主要是新型飞行器奥卡 – T 和返航 HKA。奥卡 – T 是完全自主的自动化舱，用于太空环境中生产独特的材料和生物注射剂。四是开展行星和太阳系天体的基础性研究，采用国产仪器进行对地观测，以研究地球气候的演化规律。

4. 加大财政对重点行业发展的支持力度。

近年来，俄罗斯联邦政府大幅提高了财政对经济发展的支持力度。在联邦预算支出中，"国民经济"一项支出将由 2008 年的 10250 亿增加到 17435 亿卢布，增长 70.1%。其首先用于重点扶持一批企业。俄联邦政府在联邦层面确定了 295 个扶持企业，支持方式包括国家注资和国家信用担保等，后者由联邦预算 2009 年提供 3000 亿卢布。同时在地方层面确定了 1148 个重点企业，列入俄罗斯区域经济发展部的关注视野。在重点行业选择中，俄罗斯依次选择汽车制造业、住宅建设、农业林业、国防工业以及交通运输业、木材、冶金等作为扶持重点。措施包括提供国家信用担保、提供资金贷款贴息、政府采购优先购买国产汽车、国家直接注资等。

同时，在税收政策方面对获得科研成果的机构给予税收优惠。企业用职工培训的支出将全部免税。对引进国内不能自产的先进技术和设备将免除增值税。对于贷款超过 100 亿卢布的企业，由俄财政部决定可对其应缴联邦税实行缓期征收（最长不超过 5 年）。对于企业预付款业务实行延缓缴纳增值税。提高利息支出计入企业成本的比例。制定专项措施，缩短增值税返还出口企业的时间。

（六）印度

1. 支持战略性新兴产业发展：实施国家太阳能计划。

印度在很好地发展了信息技术和生物医药的相关新兴产业后，针对目前快速增长的主要能源和电力需求、能源持续短缺、对煤电的过度依赖，及印度大多数地区一年 300 个晴天照射的状况，促成印度以太阳能为开发新能源战略重点。2008 年 6 月 30 日，印度出台《国家气候变化行动计划》，2009 年 11 月施行《国家太阳能计划》。将太阳能作为开发新能源的战略重点，于 2009 年 11 月施行《国家太阳能计划》。该计划也是印度政府应对能源安全挑战、促进生态可持续发展的重大举措。

印度《国家太阳能计划》的总体目标是：通过在全国尽快建立与完善有助于太阳能扩散的政策环境，使印度在太阳能领域成为世界领先的国家。"国家太阳能计划"将分 3 个阶段实施，第一阶段将持续至 2013 年，第二阶段为 2013～2017 年，第三阶段为 2017～2022 年。第一阶段重点是太阳能集热利用，推广离网系统，服务于人民，而不接受商业化能源，并适度增加并网发电系统。第二阶段，政府将积极创造条件，建成规模化和有竞争力的太阳能发电系统。到 2022 年，计划发电能力达到 2 万兆瓦水平。太阳能计划还包括推动屋顶太阳能光伏发电应用的主要措施，也规划了太阳能集热利用，目标是到 2017 年达 1500 万平方米，2022 年达 2000 万平方米。

2. 相关财税政策措施。

为了实现《国家太阳能计划》，印度采取了以下财税政策措施：

（1）财政投入。

一是积极构建基础设施。建立 2～3 个大型太阳能电池制造高科技园区（横跨整个产业价值链），包括住房、办公室和研究机构。园区地理位置位于城市中心，拥有和港口、机场畅通的联系，以确保快速获得进口原材料和高质量的工程人才。地方政府也被允许建设太阳能产业园区，提供专用的、完善的基础设施来确保推动和促进太阳能公用事业发展。

二是为了鼓励屋顶太阳能光伏发电，印度可再生能源开发署设置专项资金，这些公用事业被允许有权许可范围内使用。

三是在能源效率局监管下保证太阳能组件的高效率，根据特别激励方案设置相应的奖励政策，各地统一协调建立包含所有相关权限的单一窗口通关机制。此外，兴建新机构设施生产制造太阳能光热采集器、接收器及其他相关元件以满足太阳能动力电站建设的需要。

（2）税收优惠。

一是在整个国家太阳能计划实施过程中坚持本土化的原则，对于涉及计划的关键环节和部门，税收制度可做适当调整。

二是对屋顶太阳能光伏发电的公用事业发电设施适用由国家电力监督委员会规定的优惠税收政策。

三是对太阳能设备制造园区，原材料的进口税和消费税实行豁免，并可以优先得到低利率的贷款。

（3）其他政策措施。

一是为了促进大规模太阳能电力项目的建设，同时又尽量避免对于国家税收的不利影响，印度政府把太阳能电力和其他成本相对较低的项目进行捆绑，并以国家电监会规定的价格进行出售，这样就缩小了电力平均成本和销售电价的缺口，同时还有利于吸引资金进入太阳能电力领域。

二是印度政府电力监督管理委员会规定太阳能电力购买在电力购买总量中必须要达到一定比例，具体通过"可再生能源证书"手段保证实施。

三、国际经验借鉴与启示

综上可见，各国都已充分认识到了新兴产业在创造经济财富、创造就业岗位方面的巨大潜力，并将其提到了前所未有的战略高度。总结各国支持新兴产业发展的国际经验，对我国有着积极的借鉴意义。

（一）政府在国家科技进步和实施赶超战略中发挥着极其重要的作用

1. 历史证明，政府在国家科技进步中的作用不可或缺。

如前所述，在历次科技革命中，国家的引导和支持都发挥了巨大的促进作用。国家从宏观和微观不同层次加强对经济生活的调控和引导，成为刺激科技革命爆发、推动科技革命发展、引导科技革命方向的宏大外力和必要条件。特别是"二战"之后，这种深刻干预更演进为各国政府普遍采用的全面、系统、永久性的行为。

在后进国家实施赶超战略时，全面战略的制定不可能由某个产业、部门或企业完成，自然要由一个国家的政府立足于本国国情，充分考虑本国经济发展水平、市场化程度、技术能力、政府财政和管理能力等因素统筹制定而成。

以韩国为例,韩国政府在 1986 年就制定了《面向 2000 年科学技术长期计划》,1994 年又出台了《韩国科技发展长期计划》,明确了在包括计算机、软件、半导体、通信等信息技术开发方向的投资计划。这些计划保证了韩国政府对信息产业实施必要的政策倾斜、资金扶持等。在正确的产业政策、科技政策、财税政策等宏观政策支持下,韩国采取政府主导、企业参与的模式,成功抓住了第三次科技革命的机遇,极大推动了本国信息产业的发展,实现了工业化社会向信息化社会的转型。

2. 必须强化政府在战略性新兴产业布局中的引领作用。

发展战略性新兴产业,必须发挥国家和政府实施干预"有形之手"作用,做好引导规范发展工作,确定技术路线和扶持政策。同时,也要发挥市场"无形之手"作用,对已经明确的战略性新兴产业项目,从实际出发,按照科学技术要求和市场规律,采取招投标的办法,确定国家扶持的行业和领域,实施市场配置。

3. 我国要加大国家对重点产业的支持力度。

加大基础研究投入,对重要基础理论研究和基础技术进行研究,由国家科研基金统筹,提供资金保障;加大技术研究投入,扶持对重点产业核心技术和关键技术攻关的资金支持。在国家科研经费方面,加强支持经费的整合,避免资金分散。

为战略性新兴产业提供税收支撑,对列入重点产业目录的产业,实行差别税率政策。为激发地方政府积极性,可以按地属关系明确税收所得,产业产生的税收可以由地方政府分享。对产业相关企业的出口实行退税政策,对企业研发经费实行税前列支。建立国家战略性新兴产业风险投资基金,对产业发展提供资金支持。

在推进工业园区建设方面,加大对工业园区财政扶持力度,制定支持园区及产业集群发展的优惠措施,向发展产业集群和建立特色工业园区的布局规划、土地使用、税费减免、信贷支、资金引导等方面进行倾斜。加大园区招商引资力度,增强招商意识,创新招商引资方式,建立多渠道,宽领域,全方位的招商网络体系,做深做细做实招商工作,以引进龙头型企业为带动,促进产业聚集和产业集群的形成。

(二) 政府扶持战略性新兴产业的发展应明确重点和方向

在全球气候变暖和能源危机的形势下,清洁能源技术被认为是下一轮技术革命的突破口，新能源产业作为发展的重点，被摆在了新兴产业的首要位置。如奥巴马提出领导世界创造新的清洁能源国家，将是在21世纪引领世界经济发展的国家，计划通过设计、制造和推广新的、切实可行的"绿色产品"来恢复美国的工业，以培育一个超过二三十万亿美元价值的新能源大产业；欧盟在发展低碳产业问题上，不仅提出的口号最响，行动也走在了其他国家和地区之前；巴西在新能源领域也走在了世界前列，已成为全球第二大乙醇燃料生产国和第一大出口国，并在此基础上继续推进新能源产业发展。

1. 科学选择重点产业和优先领域。

新技术的大量涌现，催生了众多新兴产业，科学选择其中最具有战略意义的产业非常重要，选对了才能实现跨越式发展，否则就可能贻误良机。从国际上来看，虽然各国都重视发展新兴产业，但侧重点和扶持力度有所不同。目前，我国根据"产品要有稳定并有发展前景的市场需求、要有良好的经济技术效益、要能带动一批产业的兴起"的原则，已将节能环保、新一代信息技术、高端装备制造、生物、新能源、新材料、新能源汽车七大产业列为重点扶持对象。在此基础上，还需要继续细化和深化，找准技术研发和产业培育的优先领域，如可再生能源、动力电池、碳纤维、重大新药创制、转基因育种、物联网、云计算等。

2. 以发展规划为指导，促进产业集聚发展。

以发展规划为指导，一是优化产业布局。按照国内新兴产业的总体特点，按照自身的资源优势，人才优势，区位优势，突出一些产业，集聚一些产业，分流一些产业，弱化一些产业，在更大范围内实现资源配置的最优，同时提升集中、集聚和集约发展的水平。

二是强化规划的指导作用。严把项目引进和审批环节，注重现有优势资源的整合和叠加，实现产业链有序衔接和资源合理配置及有效利用，制止重复引进和无序发展。

三是发挥政策和产业优势。围绕产业和技术瓶颈，强化招商引资工作，主攻发展优势明显的地区，着力引进关键性、龙头型、补链型的企业和项目，促进产业链拉长增粗，提高产业关联度。四是加快构建现代产业体系。进一步促进信息化与工业化相融合，优先发展现代服务业，加快发展先进制造业，大力发展高技术产业，改造提升优势传统产业，积极发展现代农业，建设以现代服务业和先进制造业双轮驱动的主体产业群，形成产业结构高级化，产业发展集聚化，产业竞争力高端化的现代产业体系。

3. 重视科技的引领作用。

战略性新兴产业的发展，离不开科技的引领作用。在金融危机的背景下，有不少国家将科技创新作为"救市"的主要措施，不仅没有减少研发投入，反而有所增加。如美国国会批准了奥巴马政府2010年财政预算，使2009年和2010年联邦科技投入比2008年财政实际增长了8.91%，为美国历史上最大的科技投入；欧盟2009年财政预算加大了对科技创新、就业和区域发展的支持力度；2009年，日本的科技投入基本保持了稳定，核心经费和重点领域投入有所增加。

因此，我们应以科技创新为核心，紧抓高新技术企业的培育工作，鼓励企业强化制度创新、组织创新、技术创新、管理创新和文化创新。建立现代企业制度，创新企业管理模式，通过引导企业加大科技投入，引进科技人才，深化科技合作，实现科技含量和创新能力的提高。同时推进企业技术研发中心的建设，鼓励科技型企业和龙头企业独立或联合高校、科研院所建立技术研发中心，建成一批有规模，高层次的企业技术研发平台。

4. 坚持以自主知识产权为主的发展模式。

新能源产业处于发展初期，对经济的带动主要表现在技术收益上，在大规模产业化方面还不具备市场条件，需要政府政策的扶持。我国应立足于技术创新及自主知识产权的产业化方面，把我国拥有巨大的能源市场的优势，用于促进我国具有知识产权的能源产业发展上面。

国际的经验告诉我们，要发展战略性新兴产业，把产业规模和市场份额做到世界第一位，就必须要有世界第一的技术。我国现在也能把产业规模和市场份额做到世界最大，但由于产业核心技术上受制于人，因而缺乏国际竞争力，也不可能引领我国经济社会可持续发展的战略方向，成长为战略性新兴产业。要掌握产业领域的关键核心技术，既要吸收世界先进技术成果，更要增强企业自主创新能力。尤其要加快建立健全以企业创新为主体的全社会创新驱动机制，围绕影响产业跨越发展的关键核心技术，打造由政府主导的创新服务平台，形成核心企业与相关行业、科研机构、高校及客户协同创新的合力。

（三）支持战略性新兴产业发展有良好的法律基础和政府规划

由于对战略性新兴产业投资具有一定的风险性，产业发展面临着各种各样的不确定性，必须由政府出面，加大支持力度，引导整个社会投入新兴产业领域。从巴西新能源产业发展来看，政府支持是取得成功的一个关键因素，发挥了非常主动的角色，通过补贴、设置配额及运用价格和行政干预手段鼓励使用乙醇燃料。

1. 统筹制定国家新兴产业战略规划。

政府应从总体发展方向上统筹考虑，充分利用现有和潜在的优势，兼顾一、二、三产业和经济社会协调发展，统筹规划产业布局、结构调整、发展规模和建设时序，确定总的战略规划和产业发展规划。要把已确立的战略性新兴产业项目纳入《国家五年发展计划》、《国家科学技术发展规划》、《国家产业振兴发展规划》之中，做到"三个规划"互相衔接，构成动态的战略思想、整体的战略部署。国家应成立促进国家战略性新兴产业发展的专门领导组织机构，明确责任，协调全国的科学、科研力量进行攻关；协调中央企业分工协作，把项目落实，实现产业化；协调市场化运作发展，推进配套产业的同步进行。

2. 从战略高度规划战略性新兴产业发展路径。

发展战略性新兴产业，必须高度重视原始创新。大学、科研院所、重点企业应加强基础研究工作，注重知识原始积累，在关键技术上自主创新，避免受制于人。要注重集成创新，引进消化吸收再创新的方式。在后金融危机时代，并购国际企业是实现关键技术向我国转移的重要途径。国家应当转变外汇储备使用方向，加大对我国有实力企业的注资，推动国际并购，通过兼并、收购、买断等方法，形成集聚效应，使国外先进技术为我所有。

3. 加快制定战略性新兴产业发展目录和国家标准。

当前，国家在制定战略性新兴产业规划的过程中，应进一步理清各新兴产业与本领域传统产业的关系，注意做好新兴产业规划和其他产业规划的衔接。应尽快把已经明确的战略性新兴产业项目发展目录制定出来，以利于工作展开。

（四）相关政策体系完整，工具齐全

1. 支持战略性新兴产业发展的政策要形成完整的体系。

从各国的实践看，各国政府都制定了一系列的政策措施，采用多种多样的形式，鼓励战略性新兴产业的发展。

各国政府相关的政策体系通常包括四部分内容：一是行政手段，包括颁布的禁令或强制性要求，其本质是强制性的，控制方法可以是数量性的（排放条件、限制价格等）或技术性的。这类措施主要包括法律、规章。二是经济手段，即我们所说的环境经济工具，它会影响相关各方所做选择的成本和收益，包括税费、可交易排污许可或认证、抵押存款及各种各样的补助和补贴。三是信息与宣传，这能够带来行为和态度上的变化，但不同于管制和经济手段，因为它对接受者并不是强制性的，也不对其产生任何经济压力，可能引起的变化则是自愿的。四是研究（以及开发和示范），这类措施可以说是一种长期的政策措施形式。

表 3 – 1　　　　　　　各国推进战略性新兴产业发展的政策体系

行政手段	经济手段	信息与宣传	研究开发
法规	税收政策	信息传播	研究
规章	财政投入政策	能源标准	开发
规划	政府采购	政策宣传	示范
计划	金融政策	公共信息平台	
标识	产业政策		
标准	可交易排污许可/认证		

以日本政府为例，它在把新能源的开发列入重要议事日程的同时，不仅制定了长期可持续发展的产业发展目标，又采取了相应强制性与激励性互为补充的政策手段，力争从各个方面推进并不断完善新能源的开发与利用。其主要政策措施有：确定新能源开发利用的发展目标；加强技术开发与储备；制订新能源推广大纲和行动方案；通过计划来推动新能源技术的发展。

2. 注重以市场化为基础的政策运用。

虽然在战略性新兴产业的发展中离不开政府的支持和引导，但这个产业的发展最终离不开市场的壮大。因此，各国政府在促进战略性新兴产业发展的过程中，非常注重以市场化为基础的政策运用。

在关键技术研发方面，一些国家的政府十分重视与私营部门合作，以推进新技术产业化。通常，这类技术是以政府部门先期投入为引导，而后产业界和企业跟进，实现技术产业化和商业化。在这一过程中，公私部门合作尤为关键。在过去几十年时间里，美国政府通过制定可持续能源发展路线图，投资优先支持太阳光伏电池、风力发电装备和氢能技术等关键技术研发，引导企业界抢占这一领域的技术制高点，使美国在国际竞争中始终保持领先地位。澳大利亚政府同样重视公私合作伙伴关系（PPP），通过加强公共部门研究机构与私营企业之间的合作，实现"共担风险、共享成果"，有效带动了企业投资"绿色产业"技术研发的积极性，这也加速了关键技术的成果转化和产业化进程。

在出台激励、引导战略性新兴产业发展的公共政策措施方面，各国政府也都以"市场化手段"为主，即主要通过采取各种财税激励、能源标识、引入排放权交易等市场规制措施，鼓励市场主体参与相关领域的投资。政府公共政策的恰当引导，能使以追求利润最大化为动机的企业，把发展战略性新兴产业作为其"理性选择"。

3. 充分发挥宣传和信息平台的作用。

各国政府部门还积极开展有关的宣传、教育和培训，引导公众意识，使公众普遍接受对环境、资源有益的新技术，这对战略性新兴产业产业的发展，起到了非常重要的作用。公众的认可、认同及对相关产品的最终消费，是发展战略性新兴产业技术和产业的强大动力。

各国经验表明，信息传播与其他支持政策、措施结合运用，往往能收到更好的效果。美国能源部就在其网站上发布非常详细的可再生能源和新能源投资指南。政府部门详细披露有关法规、政策、规划、项目、鼓励措施、申请渠道等信息，可以帮助公众、企业、投资者充分掌握政策动向，有助于引导市场主体的行为，降低其投资的盲目性和风险。

一些国家的政府部门和研究机构还就相关研究成果、基础数据资料建立公共信息平台，这样，可以实现全社会的信息共享，对于宏观政府决策、规划制定及微观企业决策，都提供了重要的信息资源。

（五）支持战略性新兴产业发展的财税措施内容丰富，作用显著

新兴产业发展需要政府给予全方位支持，各项政策措施之间互相配合和协调，以形成一个完整的支撑体系。如美国对具有国家战略价值的新兴产业投入巨资，除了政府财政直接投资，还通过税收补贴等手段撬动社会资本，鼓励民间的科技计划；欧盟和日本在发展低碳产业的同时，不仅重视科研计划的制订，还注重机制、法律等保障作用；巴西政府在把生物能源开发确定为国家发展战略后，综合运用金融、法律、经济、科技等多种手段，在每个环节上扎实推进，形成了国家发展战略—科技研发—市场应用的完整链条，从而实现了预期目标。

1. 财税政策内容丰富，工具组合灵活多样。

财税政策作为经济手段的重要组成部分，遵循"基于市场"的原则，通过改变经济当事人的成本、效益，达到预期政策目标。具体来讲，一方面，财税政策可以通过税收、补贴等手段，降低新兴产业的投资成本和进入门槛；另一方面，财税政策可以提高"夕阳产业"项目的成本，引导市场主体从使用高能耗、高排放的技术转向使用低能耗、有益环保的新能源和清洁能源技术。

各国为鼓励新能源发展而制定实施的财政政策从大的方面包括五类，有税收及税收优惠政策、预算投入、财政补贴、融资支持、政府采购，具体形式包括：税收减免、财政资助、政府采购、投资补贴、无息贴息贷款、奖励等。各国在政策工具组合上灵活多样。

2. 财政政策的作用初步显现。

实践表明，各国为促进新兴产业发展而采取的各项财政政策效果显著，不仅有效带动了新技术的研发、推广和相关领域的投资，还促进了相关领域产业化及新市场的建立，并产生了一系列显著的经济、环境和社会效益。

以新能源技术发展为例，日本在光伏电池技术上的国际领先地位，丹麦在风力发电技术上的发展与推广，以及英国、德国等在新能源技术方面的成效，都得益于财政政策的突出贡献。

各国的财政激励政策还体现在促进新兴产业发展的基础设施建立上，并培育了相关市场的发展。例如，美国联邦政府的"采购要求"

规定，所有美国联邦机构必须购买有"能源之星"标识的高能效产品，政府采购制度不仅使政府易于得到高能效的"绿色产品"，其示范效应也加速了新技术和新产品的推广应用。美国联邦政府曾要求在 2005 年购置 10 万辆清洁汽车（天然气、电力和生物质燃料汽车），这大大促进了清洁汽车的发展，并刺激了相关基础设施的投资。

3. 加大市场推广支持力度，引导社会资金流入战略性新兴产业。

财税政策的作用还体现在它对社会资金和市场行为的引导上。从加大市场推广支持力度上讲，我们应积极发挥政府采购鼓励创新的功能，建议修订《政府采购法》突出政府采购的调控效益，着重体现政府采购促进战略性新兴产业发展的目标。对于国家评估认可的科研成果，提供用地、贴息、税收、市场推广等相应的政策，支持其产业化，建立财政资金优先采购自主创新产品的制度，在同等条件下优先使用自主创新产品和技术。

同时，应设立风险投资体系，鼓励战略性新兴产业相关企业上市融资。对创业板变"审批制"为"登记制"，只要符合规定，就可以允许上市。银行对战略性新兴产业相关企业提供贷款支持，实行差别利率政策，相关企业的贷款利率可以低于其他企业的利率。充分借助风险投资、银行贷款、融资上市等多种金融手段刺激产业发展。

此外，我们应把知识产权的保护作为基本国策，简化知识产权纠纷案件处理程序，为知识产权所有人维护权益提供便利，在法律法规上加大对侵犯知识产权行为的惩罚力度，保护企业、个人的创新成果和经济利益，明确专利转化为生产力的利益分配，明确专利发明人的报酬和技术入股的规则，引导社会形成尊重他人知识成果、尊重他人的创造力的氛围。

第四章

积极运用财政政策支持战略性
新兴产业发展

支持经济发展是财政一项重要的职能，而经济发展包括经济增长和结构优化。战略性新兴产业发展短期来说是产业结构的调整和优化，长期来说也有利于经济增长，因此支持战略性新兴产业发展是财政支持经济发展的有效途径和必然选择。

在发展社会主义市场经济的过程中，财政支持战略性新兴产业发展，首先要解决其理论基础。本章从政府支持经济发展的一般理论出发，阐述财政政策是政府促进经济发展的重要手段，并以此为基础，结合国家干预科技创新市场的相关理论，说明财政政策促进战略性新兴产业发展的必要性和主要手段。

一、政府支持经济发展的一般理论

发展经济学的相关理论表明，政府在促进经济发展过程中发挥着重要的作用。政府促进经济发展的手段主要包括政府规划或计划、法律手段和经济手段等。

(一) 经济发展理论概述

经济增长是一定时期内国民生产总值或人均国民生产总值总量的扩大，而经济发展不仅包括经济增长，还指包括经济增长相伴随的经济结构、社会结构以及政治结构、观念形态的变化。经济发展不仅限于更多经济产出，还指和以前相比产出的种类有所不同，以及产品生产和分配所依赖的技术和体制安排上的变革。

现代经济学认为，经济发展包括经济增长和结构优化。结构优化促进经济增长，经济增长带动结构优化，二者相互推动，共同促进了经济的发展。20 世纪 60 年代以前，对于经济结构及其变化对经济增长与发展的影响重视不够。20 世纪 60 年代以来，配第—克拉克、罗斯托、钱纳里、霍夫曼在分析许多国家统计数字的基础上，深入揭示了经济结构调整与优化和经济增长的关系及其对经济发展的影响：

英国经济学家克拉克在计算了 20 个国家的各部门劳动投入和总产出的时间序列数据之后得出重要结论：随着经济的发展，第一次产业国民收入和劳动力的相对比重逐渐下降；第二次产业国民收入和劳动力的相对比重上升，经济进一步发展，第三次产业国民收入和劳动力的相对比重也开始上升。决定产业发展的关键因素有两个：收入弹性差异和投资报酬差异。

美国经济学家 W. W. 罗斯托根据科学技术和生产力发展水平，将经济成长的过程划分为五个阶段，即传统社会、为起飞创造前提阶段、起飞阶段、向成熟推进阶段或自我持续增长阶段、高额群众消费阶段；后来罗斯托又将追求生活质量阶段作为第六阶段。[①] 其中，最关键的是起飞阶段。他从结构顺序变化的动态角度将经济发展视为不同阶段更替的过程。而且，将不同阶段更替的基础认为是由技术的不断创新和扩散所决定的。

钱纳里从经济发展的长期过程中考察了制造业内部各产业部门的地位和作用的变动，揭示制造业内部结构转换的原因，即产业间存在着产业关联效应，为了解制造业内部的结构变动趋势奠定了基础，他通过深入考察，发现了制造业发展受人均 GDP、需求规模和投资率的影响大，而受工业品和初级品输出率的影响小。他进而将制造业的发展分为三个发展时期：经济发展初期、中期和后期；将制造业也按三种不同的时期划分为初级、中期、后期三种不同类型的产业。

霍夫曼对工业化问题进行了许多富有开创性的研究。根据霍夫曼比例，即消费品工业净产值与资本工业净产值的比例，把工业化分为四个阶段：第一阶段：消费品工业占主导地位，霍夫曼比例为 5（±1）；第二阶段：资本品工业快于消费品工业的增长，消费品工业降到工业总产值

① W. W. 罗斯托：《经济成长的阶段》，商务印书馆 1962 年版。

的 50% 左右或以下，霍夫曼比例为 2.5（±0.5）；第三阶段：资本品工业继续快速增长，并已达到和消费品工业相平衡状态，霍夫曼比例为 1（±0.5）；第四阶段：资本品工业占主导地位，这一阶段被认为实现了工业化，霍夫曼比例为 1 以下。在实际应用中，霍夫曼比例往往用轻工业品净产值与重工业品净产值的比例来表示。霍夫曼的工业阶段论阐述的主要是工业过程中重化工业阶段的演变情形。

上述经济学家认为，经济结构优化主要从三个方面促进经济增长：一是结构调整有利于解决需求结构性问题，淘汰无效需求的产品，从而增加有效需求，促进社会总需求的实现；二是结构调整可以通过改善供给结构进而促进经济增长；三是结构转换产生新的主导产业，为经济增长带来新的驱动力。

世界经济发展实证经验也表明，经济高速增长与产业结构变换密切相关。据库兹涅茨的统计分析，西欧自进入现代经济增长的近 200 年中，按目前发达国家市场合计，人均产值和国民生产总值分别增长 5 倍和 15 倍。同一时期，发达国家产业结构也发生了巨大变化，以农业为代表的传统部门在国民生产总值的比重从 50% 下降到 10%，而以制造业为代表的现代部门则从 20% 上升到 50%。第二次世界大战后日本从一片废墟发展到世界经济强国，其关键也是依靠产业转换和升级。

（二）经济发展离不开政府的作用

市场不是万能的，单纯依靠市场机制运行的经济体无法有效实现公共产品提供、收入公平分配以及经济运行的持续稳定。市场失灵决定了市场经济条件下发挥政府经济职能的必要性。政府在市场配置资源的基础上，针对市场缺陷，通过提供公共产品，消除外部效应，公平社会分配，熨平经济周期，实现全社会资源的优化配置，满足社会公共需要。

政府对经济发展的作用，首先表现为对经济总量调控和经济增长的作用。凯恩斯宏观经济理论认为，由于心理消费倾向、心理灵活偏好、心理上资产收益预期的存在，有效需求不足成为经常性现象，矛盾积累到一定程度就会导致经济萧条，失业人员增加。如果政府不对经济运行加以干预，就会使有效需求不足的状态继续保持下去，形成严重的经济和社会危机。因此，政府必须采取积极的财政政策以刺激消费和增加投资，弥补市场的有效需求不足。20 世纪 30 年代"罗斯福新政"，以及最近两次金融危机各国政府积极干预政策所取得的成效，说明了政府宏观调控对于经济持续稳定增长的重要意义。

其次表现为对结构调整的作用，在结构调整和转换的过程中，政府的作用更加重要。结构调整具有一定的社会性，市场无法确定其长远发展方向，加之不完全竞争市场、外部性、外溢性等因素的存在，结构调整过程就不能不考虑政府的参与。政府一般需要根据国家社会、经济发展的战略性目标，对一些需要支持的重点产业和重点方向进行必要的引导和支持，包括政策支持和财力支持，以加速结构转换进程。实践经验表明，没有一个国家的经济结构调整是完全脱离政府而进行的。发达国家政府在经济结构调整过程中的作用大致有两类。较早地实现工业化和现代化的国家，现在都倾向于主要发挥市场机制本身的作用去解决产业结构演进中的各种矛盾，以市场自我调整机制为主，但政府依然重视运用产业政策及其财政政策手段促进相关产业的发展，对结构调整具有重要的作用。而后发国家，为了尽快地缩短与先进国家的差距，政府有着明确的结构目标和组织目标，主要采取直接干预和间接干预相结合的手段，促使产业结构调整的实现，加快产业结构演进的过程。

与发达国家相比，发展中国家经济相对落后，差距较大，工业化、城市化、现代化发展迟缓，只有更加借助政府的力量，制定明确的结构目标，明确的产业政策，才能加快经济结构的调整，加速经济发展。另一方面，发展中国家的市场机制也不够完善，市场竞争效率相对较差，政府也只有发挥比发达国家更强的作用，纠正市场扭曲，解决市场失效，才能加速经济发展。

（三）政府支持经济发展的主要手段

政府支持经济发展的手段主要包括政府规划或计划、法律手段和经济手段等。

1. 政府规划或计划。

从世界经济发展的历史来看，当凯恩斯的《就业、利息和货币通论》在西方主要资本主义国家经历经济大萧条之后出版后，给正饱受经济危机打击的资本主义经济带来了解决工具。从那之后，逐步形成的凯恩斯主义经济学观点认为市场经济中没有能够保证产出水平与充分就业相一致的自发力量，国家有必要行使干预经济的行政政策。凯恩斯主义的经济思想为各国政府运用行政手段干预经济活动提供了理论支撑。1935 年，凯恩斯的这一经济思想被当时美国总统罗斯福应用于美国经济调节过程并取得了成功，所以在相当长的时期内通过政府规划和计划方式主导干预经济发展广泛流行于世界许多国家。但是在 20 世纪70 年代中期，面对资本主义世界出现的"滞涨"局面，经济干预主义也变得束手无策，于是新自由主义经济思想开始活跃，"政府失灵论"广泛流行，在这种思想引导下，一些国家弱化了政府对经济的直接干预，而是转向对市场规则和法规的规范上，政府为市场功能的发挥创造法律基础和条件，如当代的美国和英国等。但在进入 20 世纪 90 年代后，随着以美国、日本、西欧为主的主要资本主义国家经济发展的持续低迷，政府的经济干预主义又开始抬头，以政府的计划手段来矫正市场的失灵已成为各国政府促进经济发展的重要措施之一，所以政府的经济发展和社会进步中长期规划被各国广泛重视，并形成了不同的规划体系。一般说来，由政府规划反映了政府在特定的客观环境下对国家发展前景的预测，以及政府的愿望和意图，但是规划实现的程度和实施的效果则主要取决于市场的力量。政府管理经济的规划方式基本上可分为三种类型：一是政府规制型，为美国、英国等少数资本主义制度较完善的国家所采用。这一规划的特点是政府尽量通过市场来配置生产要素，政府主要负责对市场的规范和管制以及管理市场机制难以发挥作用的方面，它不同于新自由主义的经济放任思想，也不同于凯恩斯主义的政府强力干预思想。这种规划对国家的经济制度和法律体系要求较高，它要求国家要具有完备的法律、法规体系以保障市场经济的正常高效运转，国家的经济运行成本主要体现在政府对经济法律、法规的制定和执行上，而不是直接推动经济增长的投入上。二是政府引导型，为法国、德国等西欧发达国家采用。其基本特征是自由竞争和政府控制并存，经济杠杆作用和政府引导作用并用，经济增长和社会福利目标并重。采用这种规划类型的国家中央政府和地方政府都制定相应的中长期规划，指明一段时期内经济发展的方向，影响企业和个人的经济决策，从而达到管理整个国家或地区经济发展的目的。三是政府主导型，为日本、韩国、新加坡、中国等许多亚洲国家所采用。这一规划方式的基本特征是在发挥市场对资源配置的基础作用的同时，政府对经济活动保持着强有力的干预和指导，在一些特殊阶段政府可能成为推动经济增长的主导力量，这与亚洲国家所实行的经济赶超和产业发展政策相关。

2. 法律手段。

政府支持经济发展的法律手段包括三个层次：一是对政府在市场经济中的调控和管理行为以及竞争主体的经济行为均务须遵循市场经济规律予以强制保障。二是规制经济手段和行政手段的合法性，并用国家强制力予以保障。三是通过经济法律的规范功能、限制功能、促进功能的作用，保障市场经济有序运行，促进经济持续、健康发展。

20世纪70年代中期以来，随着经济形态从工业经济向知识经济的转变，发达资本主义国家为了实现经济增长、充分就业、物价稳定、国际收支平衡，提高本国的总体竞争能力，不仅更加重视对经济的宏观调控，而且更加注重实效。他们综合运用经济手段、法律手段和行政手段，适时对经济进行调控，从而使发达资本主义国家的经济运行不再具有无政府状态，而是日益呈现出有序化和可调控的特点。在当代，西方国家制定了大量的经济立法对社会经济生活进行控制与调节，以保障经济顺利有序的发展。据日本公正交易委员会统计，1979年日本全部法律有1500余项，其中179项法律是反映政府产业政策的。德国现行有效的调整经济关系的法律约有3600多个，最大的法律如民法有2385条，小的有几十条，它们基本上覆盖了经济活动的各个方面，完善的法律提供了社会经济发展所需要的稳定环境。

3. 经济手段。

政府支持经济发展的经济手段主要包括财政政策、货币政策和收入政策等。财政政策是指政府支出和税收的使用。政府支出这一范畴，是指政府在商品和劳务上的花费，其支出的数量决定着公共部门和私人部门相对规模的大小。从客观经济的角度来看，政府收支总量和结构会影响经济的总量和结构，从而对经济发展的速度和经济发展的质量产生影响。货币政策是通过政府对国家的货币、信贷以及银行体制的管理而实施的。通过增加或减少货币供给，中央银行可以间接地对市场利率施加影响，从而影响私人投资。增加货币供给，会导致利率下降，刺激投资增加；减少货币供给，会导致利率上升，迫使投资减少。而投资支出的变动会直接影响总需求，从而影响国民总产出和价格水平。货币政策的实质，是中央银行控制货币供应的途径以及货币、产出和通货膨胀三者之间的关系。收入政策是政府通过法定的和非法定的工资及价格限制，缓和通货膨胀的做法。

（四）财政是政府促进经济发展的重要经济手段

无论是理论分析，还是西方发达国家市场经济发展的经验均证明，公共财政是与市场经济要求相符的财政模式，具有配置职能、分配职能和稳定职能：配置职能即社会总资源利用在私人产品与公共产品之间的划分和公共产品内部构成的确定过程；分配职能即调节收入与财富的分配并使之符合社会承认的"公平"或"公正"的分配状态；稳定职能即利用财政政策手段来保持高就业率、合理的物价水平、适当的经济增长以及国际贸易和国际收支平衡的目标。财政对经济发展的作用是通过税收、财政支出和财政体制来实现的。

税收既是政府组织收入的基本手段，又是调节经济的重要杠杆。首先，税收作为财政收入的主要形式，将民间的一部分资源转移到政府部门，由政府进行重新配置，以弥补市场机制的缺陷，从而有利于实现资源配置的优化。其次，税收作为一种调节手段，一方面可以有力地调节社会总需求和总供给，另一方面调节个人收入和财富，实现公平分配，从而实现市场经济的效率与公平。税收调节杠杆和收入形式的特征，决定了税收对经济运行影响的宏观效应和微观效应。在经济繁荣时，国民收入增加，以国民收入为源泉的税收收入也会随之自动增加，相应减少个人可支配的收入，在一定程度上减轻需求过旺的压力。此时，如果总需求仍然大于总供给，政府则可采取相机抉择的税收政策，或扩大税基，或提高税率，或减少税收优惠等来抑制需求。相反，在经济萧条时，税收收入会自动减少，相应地增加个人可支配的收入，在一定程度上缓解有效需求不足的矛盾，有利于经济恢复。此时，如果经济仍然不景气，政府可进一步采取缩小税基、降低税率或增加税收优惠等措施来刺激需求。税收的变化对经济的影响具有乘数效应，它的增加或减少，会引起国民收入更大幅度的变化。税收调节收入分配，则主要通过累进所得税和财产税制实现。从微观角度讲，一是将支出能力从纳税人手中转移到政府手中，发生了资源的转移；二是会改变或扭曲消费者对物品的选择或者生产者对要素的选择。由此，税收影响生产、消费、储蓄、投资和劳动供给等，进而影响市场经济的运行。

与税收相比，财政支出对经济发展的影响更为直接，它不仅可以通过对公共储蓄资金进行重点配置来解决经济结构问题，而且还能间接地起到示范效应，从而引导社会资源的合理流向。财政支出结构调整优化过程，既决定着社会各项事业的协调发展，也直接影响到市场经济运行的有序与效率。当今世界各国，财政支出政策是促进产业结构和经济结构调整的重要政策手段。例如，日本就是以实行完善的产业结构支持政策为世人所共识的，它在经济发展的不同时期，由通产省产业结构审议会提出产业结构长期构想，政府和财政对相关产业、行业强力扶持。这是日本实现经济腾飞、成为经济强国的一个重要因素。

财政管理体制，直接关系着政府于企业的分配关系，合理的政府与企业的分配关系，有利于经济发展；财政体制决定着各级政府之间的财权与事权的匹配关系，进而也就决定着上述税收乃至财政支出的框架安排和总体规模，以及各级政府的财权与事权匹配的程度，进而决定着财政促进地区经济协调、快速发展的能力。

二、财政支持战略性新兴产业发展的理论

（一）国家干预科技创新市场的理论依据

战略性新兴产业的核心是创新，是一个从新思想的产生到产品设计、试制、生产、营销和市场化的一系列行动。创新具有公共产品性、不可预知性、动态性和激励复杂性诸多特征。根据不同的标准，可以将创新分为不同的类型。根据创新的对象不同，可以分为基础研究创新与应用研究创新；根据创新能否实际应用，可分为科学创新与技术创新；根据创新的具体内容不同，可分为概念创新、理论创新、发明创新和实验创新；根据创新的学科类别不同，可分为自然科学创新、社会科学创新和交叉科学创新；根据创新的来源不同，可分为原始创新，集成创新和引进、吸收、消化再创新。财政支持发展战略性新兴产业主要源于以下基本理论：

1. 外部性理论。

科技创新具有强烈的正外部性，因为从供应层面来说，发明人不可能获得他们创新的全部社会价值，需要社会给予他们足够的激励，私人

投资创新的意愿低于社会的期望，从而导致生产性用户的需求量低于社会的需要量。因此，国家矫治科技创新市场失灵的制度，必须适合科技创新外部性的特征，即建立分类干预模式：对具有基础设施特征的基础性和非商业性应用研究，要采取财政补助和信息共享的政府干预模式；而对商业性应用创新实行私人产权与公有制度相结合的混合干预模式。政府对战略性新兴产业发展的支持，也可以基于这一理论分不同领域、环节进行形式不同的投入。

2. 公共产品理论。

基础研究成果属于公共产品，不是私人物品，这意味着它们是非竞争性消费品，不具有自然稀缺性。公共产品理论认为，所有类型智力资源的生产都是一个累积的过程。某些智力资源在这些累积过程中更具一般性和基础性，这些具有一般性和基础性的智力资源被称为"智力基础设施"（即"基础研究"）。因为非排他性与非竞争性这两个特性导致公共产品消费的不可分割，产权难以明确，无法运用市场原理来提供基础研究创新。因此，市场机制在供应和需求两个层面都可能失灵，只能由政府来提供公共产品。

3. 不完全竞争理论。

科技创新市场的不完全竞争状态，尤其是垄断与企业联合行为，会窒息科技创新市场的活力，阻碍科技进步，最终导致生产效率下降和消费者福利净损。不完全竞争理论认为，在市场处于不完全竞争状态时，如果处于垄断地位，则会减少产量，提供低质量的产品和服务，从而获取超额垄断利润，同时，由于垄断导致资源配置失当也会引起社会福利净损。如果处于寡头垄断状态下，市场中为数不多的几个企业可以共同确定它们的价格或产量，在它们之间瓜分市场，或者共同制定其他生产决策。因此，国家必须干预科技创新市场，防止创新市场上的垄断和不正当竞争行为。

4. 市场失灵与国家干预。

科技创新市场与其他商品市场、资金市场、信息市场一样，也存在着失灵现象。其原因如下：其一，创新的公共产品属性决定了某些科技创新类型不可能通过市场机制予以供应，必须采取政府干预的方式矫正科技创新市场失灵；其二，在科技创新市场上存在的常规生产风险，是进行有效创新的障碍；其三，盗用风险的存在，竞争者的模仿与消费者的"搭便车"行为，可能阻止私人投资者向具有社会效益的项目投资；其四，科技创新市场存在着一种次优创新倾向，即先行创新者（先行者）通过首次成功地将产品引入市场可以建立先行者优势，由于早期开发的产品没有市场替代品，加之后来客户群的增长，因此，导致形成了先期开发的竞争性优势。

科技创新市场的失灵主要表现在三个方面：一是消费性市场失灵，商品的非竞争性消费特征居统治地位，花钱消费成为不可能，消费性市场失灵就出现了。二是排他性市场失灵，竞争者的模仿与消费者的"搭便车"行为，是导致创新市场排他性失灵的主要原因。三是创新过程市场失灵，当创新过程的动态特性和发展的不确定性，迫使投资者向比社会期望值更高的应用研究领域投资的时候，创新过程市场失灵就出现了。它既导致了创新市场激励功能障碍，又不能实现创新效率最大化目标，引发次优创新和创新颠覆问题，危害是巨大的。

（二）财政支持战略性新兴产业发展的必要性

财税政策作为政府宏观调控的重要手段，历来都是支持产业发展的重要政策工具，例如促进高新技术产业和服务业等产业发展的财税政策。战略性新兴产业对于经济和社会发展具有重要的意义，其自身发展又存在较强的外部性和风险性，因此战略性新兴产业的发展离不开财税政策的支持。

1. 发展战略性新兴产业对于经济和社会发展具有重要的意义，需要财政支持。

对于我国来说，目前发展战略性新兴产业能带动一批产业的兴起。我国现在正处在经济结构调整的关键时期，随着产业技术创新和经济发展，产业部门将不断整合协调，产业结构将不断调整优化，一些传统产业会被新兴产业替代。战略性新兴产业发展的经济效益和社会效益将是巨大的。根据国务院发展研究中心"重点产业调整转型升级"课题组测算，未来 3 年新能源产业产值可望达到 4000 亿元；2015 年环保产业产值可达 2 万亿元，信息网络及应用市场规模至少达到数万亿元，数字电视终端和服务未来 6 年累计可带动近 2 万亿元的产值；2020 年广义生物产业市场规模约为 6 万亿元。在拉动经济增长方面，2010 年核电投资可以拉动 GDP 增长 0.3 个百分点。世界银行对 120 个国家的计量经济分析表明，宽带服务普及率每增长 10 个百分点，能带动 1.3 个百分点的经济增长。从增加就业看，据 IBM 和中国有关部门的联合分析，如果中国在智能电网、宽带、智慧医疗上投资 1000 亿元，将带动就业人数超过 150 万。

长远来看，对我国而言，发展战略性新兴产业，对培育新的经济增长点、促进产业结构调整及技术升级、实现发展方式的转变、提升我国经济科技竞争力、抢占未来经济科技发展制高点，具有重要意义。而促进经济和社会发展离不开政府的支持，尤其是对于主导我国经济发展重大方向的重大产业发展战略，更加需要政府的强有力扶持。财政是政府促进经济发展的重要手段，理所当然应该支持战略性新兴产业的发展。

2. 发展战略性新兴产业具有较强的外部性和风险性，需要财政支持。

首先，发展战略性新兴产业具有较强的外部性，需要财政支持。发展战略性新兴产业的核心是自主创新，只有通过自主创新，才能占领技术的战略制高点。技术进步是发展的动力要素，它依赖于持续、高强度的研发投入和人力资源投资。战略性新兴产业发展中的创新主体个体收益和社会收益之间的差异，如果得不到补偿，加上自主创新的高投入，就会导致市场供应不足。在这种情况下，只有国家通过财政直接投入和税收政策的激励措施，调节战略性新兴产业发展中的创新主体、个体收益和社会收益之间的差异，调动创新主体的积极性，培育和扩大相关联市场，才能够加快战略性新兴产业的发展速度。

其次，发展战略性新兴产业具有较大的风险性，需要财政支持。战略性新兴产业发展与传统产业发展的最大区别在于，科技前沿成果大多还不成熟，其能否产业化，何时才能真正实现产业化，都充满了巨大的不确定性，这就导致发展战略性新兴产业能否成功同样也具有巨大的不确定性。大部分新兴产业在发展初期难以形成有效的市场需求，盈利能力较弱，为缺少竞争优势的弱势产业。由于对战略性新兴产业的投资具有一定较大的风险性，产业发展面临着各种各样的不确定性，因此必须由政府出面，加大支持力度，引导整个社会投入战略性新兴产业。通过政府和财税政策进行培育和扶持，是促使战略性新兴产业快速发展的重要条件。

3. 支持战略性新兴产业发展是对国际经验的重要借鉴。

国外在新兴产业发展上的实践也表明，政府强有力的扶持和推动是新兴产业发展的关键。发达国家一般采用的方法是"有形之手"推一把，让"无形之手"发挥力量，大多采取政府出面制定发展战略方针，财政给予一定经费补贴的做法。特别是在这次应对国际金融危机中，各国政府普遍运用财税政策扶持战略性新兴产业的发展，加大支持力度。

日本在过去十多年中不断加大对包括计算机在内的高科技产品研发的资金支持，这种扶持很大程度上是通过提供开发补助金的方式实现的。如为了扶植第五代电子计算机关键技术的开发，通产省在十余年时间里累计投入约 568 亿日元的巨额研发费用，为第五代计算机技术的研制提供了充足的资金支持。日本 R&D 经费总额占国内生产总值的比例在发达国家中始终名列前茅。金融危机爆发后，日本在考虑"后危机时代"的经济振兴时，特别重视发展战略性新兴产业，进一步加大了扶持力度，将新能源研发和利用的预算由 882 亿日元大幅增加到 1156 亿日元。2009 年 12 月 30 日，日本政府公布了到 2020 年的"增长战略"基本方针，认为应着重拓展有望带来额外增长的六大领域：环境及能源、医疗及护理、旅游、科学技术、促进就业及人才培养。根据该战略，公共与私营部门在科技相关研发上的投资占 GDP 比例将超 4%。

欧盟在经济复苏计划中，强调"绿化"的创新和投资，加速向低碳经济转型。欧盟委员会已制定了一项发展"环保型经济"的中期规划，主要内容是欧盟将筹措总金额为 1050 亿欧元的款项，在 2009 ~ 2013 年的 5 年时间中，全力打造具有国际水平和全球竞争力的"绿色产业"，计划将 130 亿欧元用于"绿色能源"，280 亿欧元用于改善水质和提高对废弃物的处理和管理水平，另外 640 亿欧元将用于帮助欧盟成员国推动其他环保产业发展、鼓励相关新产品开发、提高技术创新能力并落实各项相关的环保法律和法规。欧盟希望以此作为产业调整及刺激经济复苏的重要支撑点，以便实现促进就业和经济增长的两大目标，为欧盟在环保经济领域长期保持世界领先地位奠定基础。

从上述情况来看，国际各国政府高度重视战略性新兴产业的发展，通过制定一系列财税政策措施助推战略性新兴产业发展。在这种背景下，中国要实现对发达国家的赶超战略，在新一轮的产业竞争中取得优势，也必须加大包括财政政策在内各种政府政策的支持力度。

三、财政支持战略性新兴产业发展的政策手段

（一）主要政策手段

财政支持战略性新兴产业可供利用的政策手段包括：一般预算直接投入政策、国债投入政策、财政补贴政策、财政贴息政策、财政担保政策、税收优惠政策及政府采购政策等。

1. 一般预算直接投入政策。

一般预算直接投入政策是财政的核心内容，最能体现财政的公共性，因此一般预算直接投入政策所支持的对象必须具有公共产品性质或具有准公共产品性质，是单纯依靠市场所不能解决的、存在市场失灵的领域。一般预算直接投入支持战略性新兴产业发展需要发挥的作用是，要有效地引导和整合技术、投融资体制，利用竞争驱动使新技术生产的产品成本下降，同时使公共部门和私有部门的风险最小，使产品迅速占领市场。

2. 国债投入政策。

尽管国债资金也属于财政性资金，但是按照中国的国情，国债资金一般不负责部门事业费支出，只负责项目资金或其一部分。国债资金需要投资项目，要用以后的收入来分期偿还，因此其支持力度应该弱于公共预算投入。国债投入一般重点投向基础性产业，而战略性新兴产业的发展是国家经济发展的重大战略，理应在国债资金中占一定的份额。

3. 财政补贴政策。

财政补贴是一种影响相对价格结构，从而可以改变资源配置结构、供给结构和需求结构的政府无偿支出。财政补贴政策是国际上使用较为普遍的一种支持产业发展的政策手段。财政补贴政策的特点是较为灵活，补贴对象既可以是生产者，也可以是下游的或终端的消费者。财政补贴一般分为投资补贴、产出补贴和消费补贴。

4. 财政贴息政策。

财政贴息是政府提供的一种较为隐蔽的补贴形式，即政府代企业支付部分或全部贷款利息，其实质是向企业成本价格提供补贴。财政贴息

是政府为支持特定领域或区域发展，根据国家宏观经济形势和政策目标，对承贷企业的银行贷款利息给予的补贴。财政贴息主要有两种方式：一是财政将贴息资金直接拨付给受益企业；二是财政将贴息资金拨付给贷款银行，由贷款银行以政策性优惠利率向企业提供贷款，受益企业按照实际发生的利率计算和确认利息费用。

财政贴息一般适用于新建或技改项目，政策的最初作用点是有效引导供给，降低供给的成本或风险，最终满足社会的需求。从财政的内涵与能力来看，财政贴息代表了今后财政资金的使用方式的改革方向，也是支持战略性新兴产业发展过程中企业自主创新的、一种非常有效的政策手段。

5. 财政担保政策。

财政担保是以借用风险投资的原理，支持政府倡导的领域加快发展，而促进战略性新兴产业发展恰恰是政府扶持的重点领域。具体到政策操作层面，不一定是政府直接对项目提供直接的财政担保，也可以通过对战略性新兴产业发展提供担保的公司给予补贴、公用经费、专款资助等多种形式进行。

6. 以奖代补政策。

以奖代补是把补贴改为奖励的财政支持方式。当地方或者企业在战略性新兴产业发展和自主创新的目标达到或者超过预期的效果时财政给予一定的奖励。以奖代补是一种重要的激励措施，可以充分调动地方或者企业战略性新兴产业和实施自主创新的积极性和创造性。

7. 政府采购政策。

政府是一个国家内最大的单一消费者，因此政府采购购买力非常大，对社会经济有着非常大的影响，采购规模的扩大或缩小，采购结构的变化对社会经济发展状况、产业结构以及公众生活环境都有着十分明显的影响。正是由于政府采购对社会经济有着其他采购主体不可替代的影响，它已成为各国政府经常使用的一种经济调控和产业促进的重要手段。

对于战略性新兴产业的政府采购，应该明确的是，纳入政府采购目录的产品与服务，应该是技术已经相对成熟的阶段，正好进入发展的降低成本阶段和大规模商业化阶段初期。这一时期的产品或技术特点是，在技术或理论上已经成熟，但是市场占有率较低。通过政府采购的激励效应促进产品开拓市场，使生产者大量生产以降低成本。政府采购政策应该确定一个原则或理念，即优先采购战略性新兴产业的产品或服务。

8. 税收优惠政策。

所谓税收优惠政策，是指对部分特定纳税人和征税对象给予一定鼓励或照顾的各种特殊规定的总称。作为政府实现公共政策的一种必要手段，税收优惠政策的存在与实施在一定程度上可以体现着税收政策的效率与公平，提高整个社会的福利水平。但是，过多过滥的税收优惠政策会使纳税人为了单纯追求"普惠制"而失去自身加强管理、不断创新的动力，反而会损害效率与公平，不利于整个社会发展。

将上述政策手段的支持强度进行归类，大致可以分为四类：一为支持力度最强的是预算直接投入性政策，指增加预算投入直接用于支持战略性新兴产业发展的投入方式，包括一般预算直接投入政策和国债投入政策。需要说明的是，这里特指增加预算投入资金直接用于支持战略性新兴产业发展的投入，并明确投入的比重和使用方向；二是支持强度较强的是杠杆投入性政策，杠杆性投入政策通过少量财政资金的投入，引导更多的社会资本投入到政府鼓励的领域，放大财政资金的使用功效，起到"四两拨千斤"的作用。杠杆性投入政策包括财政补贴、财政贴息、财政担保和以奖代补等方式；三是支持强度较弱的是税收优惠政策；四是支持强度最弱的是政府采购政策。

（二）政策作用环节

按照生命周期理论，典型的产品生命周期一般可以分成四个阶段：引入期、成长期、成熟期和衰退期。对于战略性新兴产业发展来说，也存在生命周期过程，大致要经历从研发阶段、技术示范阶段和商业化示范阶段、规模化成本降低阶段、大规模推广阶段四个阶段。这四个阶段都需要财政政策的支持，但是需要财政政策支持的强度是有差异的，因此各个阶段主要运用的政策手段也是有差别的。

战略性新兴产业发展研发阶段的财政政策需求最强。在研发阶段，由于技术等各个方面都存在很大的不确定性，研发一旦失败，所有的投入都会付诸东流。而且在研发阶段，需要的投入成本非常大。这样民间资本很少愿意直接投入到战略性新兴产业研发上。另外，特别是那些带有基础性的技术研发，具有很大的外溢性。因此对于战略性新兴产业的研发，属于高风险、高成本、高外溢性，需要政府财政投入的强力支持。

战略性新兴产业发展的示范阶段以及规模化成本降低阶段的财政政策需求，相对于研发阶段要弱一些。在这两个阶段，战略性新兴产业的基本技术已经形成，而且能够进入示范阶段和成本降低阶段的技术也是经过论证和评估的，因此这两个阶段比研发阶段的风险要低一些。但是，也要看到，由于这两个阶段的战略性新兴产业还处于示范和成长状态，通过自身的发展力量还很薄弱，在这一阶段还是需要政府的大力扶持。

在大规模推广阶段，战略性新兴产业发展的财政政策需求最低，技术趋近成熟，也经过了示范阶段和成本降低阶段的初步检验，市场前景基本明朗。因此，这个时候，战略性新兴产业发展的风险已经控制到最低水平，可以很好地借助市场的力量实现自我发展。但是，与传统产业相比，在成本方面毕竟还有一定的差距，而且战略性新兴产业发展可以带来很好的环保效应、经济外溢效应和社会效应，因此即便是到了大规模推广的程度，还是需要政府一定的支持力度。

对比财政支持战略性新兴产业发展政策手段，其政策强度和战略性新兴产业发展各个阶段所需的财政政策强度，我们发现恰好存在基本对应的关系：战略性新兴产业发展的研发阶段，对财政政策需求最强，而预算直接投入政策的政策强度最强；战略性新兴产业发展的技术示范阶段和商业化示范阶段以及规模化成本降低阶段，对财政政策需求稍弱，而杠杆性投入政策和税收优惠的政策强度也稍弱；战略性新兴产业发展的大规模推广阶段，对财政政策需求最低，而政府采购政策的政策强度最弱。这说明，在战略性新兴产业发展的研发阶段主要应该采用预算直接投入政策，在技术示范阶段和商业化示范阶段以及规模化成本降低阶段主要应该采用杠杆性投入政策和税收优惠政策，在大规模推广阶段主要应该采用政府采购政策。

当然，上面的分析并不是绝对的。实际上，在哪个阶段采用什么样的政策手段并非是严格对应的。例如在研发阶段，预算直接投入政策是一种主要方式，但也可以采取杠杆性投入政策和税收优惠政策，比如对企业自主创新研发进行补贴，或者通过以奖代补的方式，对企业战略性新兴产业自主创新研发活动给予奖励，或者对企业的技术研发在税收政策上予以加计扣除等等。在技术示范阶段和商业化示范阶段以及规模化成本降低阶段，有的时候也需要政府财政的预算直接投入用于示范工程的建设。在推广阶段，需要预算直接投入支持的需求要少一些，但有时也要用到杠杆性投入政策和税收优惠政策，对企业的生产采用补贴、贴息、财政担保和税收优惠等支持方式。

如图4－1所示，实线箭头表示主要的财政支持战略性新兴产业发展政策手段，虚线箭头表示辅助的政策手段。从图中可以看出，在战略性新兴产业发展研发阶段，以预算直接投入政策为主，辅以杠杆性投入政策和税收优惠政策；在战略性新兴产业发展的技术示范阶段和商业化示范阶段以及规模化成本降低阶段，以杠杆性投入政策和税收优惠政策为主，辅以预算直接投入政策；在战略性新兴产业发展大规模推广阶段，以政府采购政策为主，辅以杠杆性投入政策和税收优惠政策。

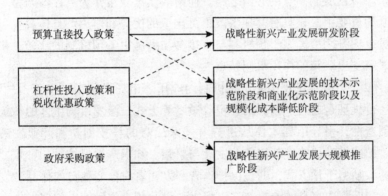

图4－1　财政政策手段与战略性新兴产业发展环节的基本对应关系

（三）积极运用财政政策手段促进战略性新兴产业发展

1. 完善促进战略性新兴产业发展的财政政策机制。

在发展社会主义市场经济的过程中，国家财政投入要支持战略性新兴产业发展，首先要解决其理论基础与作用机制问题。主要是回答政府为什么要干预和支持战略性新兴产业发展，支持政策的作用机制及重要意义等问题。一般而言，外部性理论、公共物品理论和不完全竞争理论是国家干预和推动战略性新兴产业发展的三大理论基础。具体到财税政策，我们可以从以下三个方面来进行比较与分析。

（1）战略性新兴产业发展面临的市场失灵与政府干预机制选择。

战略性新兴产业的核心是创新。从理论上分析，创新是一个从新思想的产生到产品设计、试制、生产、营销和市场化的一系列行动。创新具有公共物品性、不可预知性、动态性和激励复杂性诸多特征。在推动战略性新兴产业发展的过程中，政府实行干预政策的首要目标是克服市场失灵，促进科技创新和新兴产业发展，抢占经济社会发展新的制高点。理论上政府支持战略性新兴产业发展可以通过市场激励型干预机制和直接参与型干预机制来实现。成熟的干预机制表现出几个特点：一是以《宪法》作为国家干预立法的依据；二是以法律形式确保财政资助力度；三是鼓励私人投资；四是采用税收优惠政策激励；五是运用政府采购合同解决投资需求。通过系统的国家干预立法、完善的知识产权制度、税收优惠政策、强有力的政府资助系统等推动战略性新兴产业发展，是抢占未来经济发展制高点的必由之路。而财政支出政策作为直接参与型干预机制的重要手段，具有其他手段不可比拟的优势和作用。具体我们可以通过市场激励型国家干预机制与直接参与型国家干预机制的比较，来明确财政支出政策的作用机制特点。

（2）市场激励型国家干预机制的应用。市场激励型国家干预机制，其运行机理是通过产权激励、税收激励等方式，激发市场主体的积极性和创造性，引导市场主体从事符合国家战略的科技创新和产业发展活动，加速推动战略性新兴产业发展与繁荣。知识产权保护是一种重要的市场激励型干预方式，通过保护作者和发明者对他们各自的作品和发明在一定期限内享有的专有权，以促进科学和艺术的发展，加速形成新的经济增长点。通过改善排他性，知识产权制度能够修正原始科技创新市场，从而降低盗用风险，同时还能发挥市场的创新发动机功能。知识产权作为政府干预的形式，旨在矫正科技创新市场固有的排他性市场失灵。税收激励是另一种重要的市场激励型干预方式。像知识产权制度一样，税收激励是在社会理想模式下，通过给私人企业提供间接补助的方式，激励私人企业进行科技创新，它具有提高市场效率的潜能。税收激励的主要目标是，如果企业增加研究投资，通过允许企业减少税收风险的方式来影响它们的事先投资决策行为。因此，这能够降低研究成本，从而减少项目不成功的风险。因为税收激励和知识产权都是降低企业研究投资综合风险的间接补助方式。因此，知识产权和税收激励与政府直接补助相比，政府的干预程度更少。它们是对私人部门给予间接补助。

政府使用知识产权和税收激励以吸引私人资源进入某种商业研究领域，但该种类型的商业研究必须满足一定的资格条件。虽然税收激励与财政补助都是政府的让利行为，但是税收激励与财政补助也存在明显的区别，即政府干预的程度和形式是不同的。资金到位方面，税收激励要视企业所得额而定。究竟是选择政府补助还是税收激励方式对科技创新活动进行资助，取决于事先的应用预测和谁是最佳决策者（例如拥有优势信息、技能等），这样给私人企业的项目活动留下了很大的选择空间，但是要受税法规定的资格条件的限制。如果希望研究进一步商业化，那么税收激励可能比政府补助更加有效。

（3）直接参与型国家干预机制的应用。直接参与型国家干预机制是指国家以直接投资等方式引导和鼓励战略性新业产业发展制，主要优点是它能够直接弥补创新产出市场供应不足的缺陷，发挥政府资金在组织公共物品供应方面的优势，它与市场激励手段相辅相成、互相补充，共同促进战略性新兴产业发展。根据政府参与的方式不同，直接参与型干预机制主要包括政府拨款、政府采购、合作研究三种形式。政府拨款在解决市场失灵方面具有天然的实效性，但受一定时期国家财力所限，不可能解决所有面临的市场失灵问题。如果需要公共物品的供应，那么政府必须支持对公共物品生产的科技创新投入。当针对私人企业不愿投资的创新项目时，政府提供资金毫无疑问具有正当性。政府拨款的资金是事先提供的，而不是视项目预期成功与否而定。政府采购是另一种类型的直接参与型国家干预制度。政府采购允许政府分配资金用于购买具有公共用途的特定商品或服务，同时允许企业竞标政府采购合同。政府采购使用了与政府拨款不同的委托代理结构，但是更加明显的区别是政府采购商品是"有偿的"，涉及交易成本和事先拥有信息量的问题。根据传统的公共物品原理，政府采购合同的正当性表现为具有矫正消费性市场失灵的功能。合作研究也具有矫治市场失灵的功能。作为一种制度机制，合作研究与开发协议在政府机制与市场机制之间架起了一座桥梁，并推动了技术转让和"两用技术"（在公共物品和私人物品两端都能应用的技术）的发展。另外，合作研究能够发挥集体合力，攻克技术难关，避免无效率的重复行为。

2.构建支持战略性新兴产业发展的财政政策体系。

支持战略性新兴产业发展要综合运用多种财政政策手段，形成有效的政策合力，这样才能提升支持政策的整体效果。

一是要加大支持战略性新兴产业发展的预算直接投入方式，包括一般预算投入和国债投入，在预算科目中增加支持战略性新兴产业发展相关的科目，每年相应安排一定的财政资金支持重点项目，在安排国债资金使用方向的时候，体现对战略性新兴产业发展项目的支持。

二是要形成综合的杠杆性投入方式体系，在支持战略性新兴产业发展的过程中，统筹使用财政补贴、财政贴息、财政担保和以奖代补等方式，放大财政资金的使用效果，引导更多社会资金投入战略性新兴产业发展领域。具体到一项政策，究竟是补贴给生产者还是补贴给消费者，还需要具体分析。从政策的作用机理上分析，直接补贴给生产者，可以降低生产者的生产成本，在一定程度上降低产品的出厂价格并影响其销售价格，甚至影响生产者的生产规模和投资决策；直接补贴给消费者，可以有效地降低消费者的消费价格，引导消费者的消费偏向和消费习惯，最终会通过引导消费者的消费行为，达到间接引导生产者的生产和投资行为的目的。从政策的最终效果上看，一般而言，一个产品或服务的生产者的数量会远远小于消费者的数量，直接补贴给消费者远比补贴给生产者更能激发市场对某些产品或服务的认可程度，有效地实现最初的政策设计目标；同时，通过引导消费者的消费行为间接引导生产者生产行为，也比直接补贴给生产者更为"高明"，是市场经济条件下成熟、规范的政府经常采用的一种政策手段。从政策实施的难易程度上看，正是因为生产者与消费者双方在数量方面上的巨大差距，直接补贴给消费者也远比直接补贴给生产者困难，前者的政策执行与操作成本应该远远高于后者，因此要使直接补贴给消费者的政策得到有效执行，就需要具备一定的政策实施条件。可以概括为，政府自身的行为非常规范，具有良好的服务意识，真正做到依法行政，对资金的有效监督制约制度与体系能够真正建立起来，杜绝资金使用上的损失浪费以及挪用现象发生，最大限度地减少资金流转过程中可能出现的贪污和腐败行为。

就短期而言，我国主要应以实行直接补贴给生产者的财政补贴政策为首选政策手段，而对直接补贴给消费者可在个别地区、个别领域进行试点；就长远来看，直接补贴给消费者应该成为财政补贴政策的未来政策取向，我国要积极创造条件，逐渐减少直接补贴给生产者的范围，相应扩大直接补贴给消费者的比重，最终过渡到全部直接补贴给消费者。

三是要积极运用税收优惠政策。在税制中仍将保留部分税收优惠政策，以达到政府的政策目的。但是，今后也应有根本性的区别。过去，税收优惠政策内容过多地局限于某一地域，有时甚至是具有某些所有制类型的个别企业和项目上，政策的宏观导向作用并不明显，类似的，按地域、按所有制、按企业的税收优惠政策将会被逐渐减少以至最终被全部取消；目前和今后税收优惠政策的重点主要体现在支持特定产业的发展上，达到鼓励或限制个别产业发展目的，以此配合政府的产业发展政策。战略性新兴产业发展是我国经济发展的重大战略，因此在新一轮税改中，对战略性新兴产业发展实施税收优惠政策，对于提高我国企业自主创新能力，促进我国产业升级和经济社会环境的可持续发展，都具有十分重要的意义。

与此同时，结合税制改革方向，应该进一步研究完善相关税收政策，促进战略性新兴产业发展。主要包括：

一是根据战略性新兴产业行业和产品的不同特点，研究制定相应的流转税优惠政策。比如，制定支持合同能源管理的增值税、营业税政策；完善鼓励软件产业发展的税收政策；制定以燃料油为原料生产乙烯、芳烃类化工产品的政策；研究可再生能源（地热能、太阳能）在节能建筑领域的应用推广的营业税优惠政策；研究碳交易营业税优惠政策；结合形势的发展变化情况，继续完善出口退税政策；研究生物柴油的消费税政策。

二是根据战略性新兴产业特点，完善和健全支持战略性新兴产业发展的所得税优惠政策。比如，在高新技术企业认定管理办法试点取得成效的基础上，完善对战略性新兴产业企业进行高新技术企业认定的有关条件和规定；在研究开发费用加计扣除办法试点取得成效的基础上，完善对战略性新兴产业企业的研究开发费用加计扣除范围和程序；结合战略性新兴产业情况，研究完善职工培训费用扣除政策；结合战略性新兴产业情况，研究修订有关企业所得税优惠目录。

三是根据战略性新兴产业和产品特点，研究完善支持战略性新兴产业发展的地方税政策，为战略性新兴产业发展提供空间。比如，研究开征环境税；研究鼓励节能、新能源汽车发展的税收政策，包括车船税和车辆购置税。

最后，在战略性新兴产业大规模推广和市场化的阶段，要积极运用政府采购政策的产业导向作用，加大对战略性新兴产业产品的政府绿色采购力度。充分发挥政府采购政策在鼓励创新和引导消费方面的重要作用，创新政府采购制度，主要应包括以下内容：一是建立完善自主创新产品认定制度。要设立自主创新产品的认定标准、评价体系和建立严格规范的认证制度。二是尽快制定自主创新产品政府采购目录。财政部门要将通过认证的自主创新产品，及时纳入政府采购目录中并向社会公布。三是强化财政预算控制。在编制年度部门预算时，要求采购人将采购自主创新产品优先列入预算；财政部门在预算审批中，要优先安排采购自主创新产品的预算；在财政支出绩效考评中，要将采购自主创新产品纳入考核范围；同时发挥财政、审计和其他部门对财政预算的监督作用，将采购自主创新产品列入监督内容。四是优先采购自主创新国产设备。对于国家重大建设项目以及其他使用财政性资金采购重大装备和产品的项目，应将承诺采购自主创新产品作为申报立项的条件，并明确采购自主创新产品的具体要求。五是改进政府采购评审方法。在满足采购需求的条件下，给予自主创新产品优先待遇。对经认定的自主创新技术含量、技术规格和价格难以确定的服务项目采购，可以在报经财政部门同意后，采用竞争性谈判方式，将合同授予具有自主创新能力的企业。六是建立激励自主创新的政府首购和订购制度。对于自主创新的试制品和初次投向市场的产品，一时难以形成生产规模并未被市场广泛接受，但又符合国民经济发展要求和先进技术发展方向，科技含量高、市场潜力大，需要政府重点扶持的，经认定，由政府首先采购，以推动其市场化和产业化。政府对于需要研究开发的重大创新产品或技术，应通过政府采购招标方式，面向全社会确定研究开发机构，签订政府订购合同，并建立相应的考核验收和成果推广机制。七是建立购买外国产品审核制度。财政性资金在优先购买本国自主创新产品的前提下，当国内产品无法满足采购人要求、必须要从外国采购时，在坚持有利于企业自主创新或消化吸收核心技术的原则下，优先购买向我区转让技术的产品；建立严格的审核制度，采购前必须取得相关部门的审核认证方可执行采购活动；鼓励企业"引进、消化、吸收、再创新"。对国内尚不能提供、且多家企业需要引进的重大装备，自治区鼓励统一招标；定期调整禁止进口、限制进口技术目录。

3. 有针对性地运用财政政策手段促进战略性新兴产业发展。

如上所述，战略性新兴产业的发展环节不同，主要使用的财政政策手段也应该存在差别。在战略性新兴产业发展研发阶段，应该主要运用预算直接投入方式，并辅以杠杆性投入方式和税收优惠政策。国家要加大战略性新兴产业研发特别是基础性研发的预算资金安排，使我国战略性新兴产业发展技术能领先国际水平，具有国际竞争力。同时也要积极调动社会力量，运用杠杆性投入方式，例如财政补贴和以奖代补等方式，强化对企业参与战略性新兴产业研发的奖励和激励机制。

在战略性新兴产业发展示范阶段，应该主要运用杠杆性投入方式和税收优惠政策，并辅以预算直接投入方式。积极财政补贴、财政贴息、财政担保和以奖代补方式，支持和鼓励企业战略性新兴产业技术示范，同时，对于重大的试点示范项目，或者初期投入资金量非常大的示范项目，还需要通过预算直接投入的方式，例如安排一般预算资金和国债资金，支持试点示范项目的建设。

在战略性新兴产业发展推广阶段，应该主要运用政府采购方式，辅以杠杆性投入方式和税收优惠政策。一方面，政府制定明确的战略性新兴产业产品政府采购政策，加大对战略性新兴产业产品的政府采购力度；另一方面，还要积极运用补贴、财政贴息和税收优惠等方式，降低战略性新兴产业产品的成本，提高战略性新兴产业产品的市场竞争力，这同时也是对积极从事战略性新兴产业产品市场开发企业的重要激励措施。

总之，财政支持战略新兴产业发展要尊重市场规律，坚持财政"有所为有所不为"的基本原则，主要作用于市场机制难以发挥作用的领域和环节上，如在研发阶段，应以财政无偿拨款为主；在产业化阶段，应主要采取奖励、贴息、担保方式、税收优惠等方式，引导产业加快发展；在培育市场消费环节，应采取财政补贴、补助、政府采购等方式。

第五章

我国财政政策支持战略性新兴
产业的现状与总体思路

战略性新兴产业是新兴科技和新兴产业的深度融合，代表着科技创新和产业发展的方向。其科技含量高、技术风险大的特点决定了这类产业的发展离不开国家的扶持及相关体制、机制的改革，这其中尤其重要的是财政政策的支持。我国运用财政政策支持战略性新兴产业发展方面取得了一定的成效，但也存在一些问题。

一、我国财政政策支持战略性新兴产业发展的现状分析

按照目前的界定，战略性新兴产业包括节能环保、新一代信息技术、生物、高端装备制造、新能源、新材料、新能源汽车七大产业。近年来，在贯彻落实科学发展观的指引下，财政部门积极运用税收、补贴、奖励、投资、政府采购等各类政策工具，出台了不同政策措施支持上述产业的发展。

(一) 税收政策

在我国的税收体系中，增值税和企业所得税是两个最为重要的税种，占全部税收收入的50%以上。在支持战略性新兴产业发展方面，这两个税种出台的优惠政策也最为集中。

1. 增值税相关优惠政策。

（1）生物产业领域。目前，对有机肥产品、部分生物医药产品、卫生防疫站调拨生物制品和药械等企业免征或从低征收增值税，并提高了生物医药产品的出口退税率。

（2）节能环保领域。对环保产品、污水处理劳务等企业，免征增值税；对以工业废气为原料生产的高纯度二氧化碳产品等企业，以及以农林剩余物为原料生产加工的综合利用产品，实行增值税即征即退；对部分新型墙体材料产品等实行即征即退50%。

（3）新能源产业领域。对利用风力生产的电力企业所实现的增值税，实行即征即退50%的政策；对销售自产的综合利用生物柴油的企业，实行增值税先征后退政策。

（4）信息产业领域。对自行开发生产的软件产品和动漫软件，按17%的法定税率征收增值税后，对其增值税实际税负超过3%的部分实行即征即退政策。

2. 企业所得税相关优惠政策。

（1）共性的优惠政策。针对各个行业普遍性的企业所得税优惠政策主要有：高新技术企业减按15%的税率征收企业所得税；有关研发费用税前加计扣除；有关固定资产加速折旧；创业投资按一定比例抵扣应纳税所得额；企业的某些收入免税或享受企业所得税优惠政策；等等。

（2）信息产业领域。对新办软件生产企业、符合条件的集成电路生产企业的"两免三减半"；重点软件生产企业减按10%的税率征收；软件生产企业的职工培训费用税前扣除；符合条件的购进软件，可按固定资产或无形资产折旧、摊销；集成电路生产企业的生产性设备折旧年限可缩短；等等。

（3）节能环保产业领域。企业符合条件的环境保护、节能节水项目可以享受减免所得税优惠；企业购置并实际使用环境保护、节能节水专用设备可以享受减免所得税优惠；企业综合利用资源，生产符合国家产业政策规定的产品所取得的收入，可以在计算应纳税所得额时减计收入；企业实施清洁发展机制项目可以享受减免企业所得税优惠。

3. 营业税相关优惠政策。

（1）以无形资产、不动产投资入股，与接受投资方利润分配，共同承担投资风险的行为，不征收营业税；对股权转让不征收营业税。①

（2）对单位和个人（包括外商投资企业、外商投资设立的研究开

_____

① 摘自《财政部、国家税务总局关于股权转让有关营业税问题的通知》。

发中心、外国企业和外籍个人）从事技术转让、技术开发业务和与之相关的技术咨询、技术服务业务取得的收入免征营业税。[1]

（3）对符合条件的科技企业孵化器向孵化企业出租场地、房屋以及提供孵化服务的收入，免征营业税。[2]

（4）"农业机耕、排灌、病虫害防治、植物保护、农牧保险以及相关技术培训业务，家禽、牲畜、水生动物的配种和疾病防治"项目免征营业税。[3]

4. 个人所得税相关优惠政策。

（1）省级人民政府、国务院部委和中国人民解放军军以上单位，以及外国组织、国际组织颁发的科学、教育、技术、文化、卫生、体育、环境保护等方面的奖金，免纳个人所得税。[4]

（2）对企事业单位、社会团体和个人等社会力量通过公益性的社会团体和国家机关向科技部科技型中小企业技术创新基金管理中心用于科技型中小企业技术创新基金的捐赠，个人在申报个人所得税应纳税所得额30%以内的部分，准予在计算缴纳所得税税前扣除。[5]

5. 其他相关税收优惠政策。

（1）支持科技企业孵化器发展。经国家认定的高新技术创业服务中心、大学科技园、软件园、留学生创业园等科技企业孵化器，自认定之日起，暂免征营业税、所得税、房产税和城镇土地使用税。

（2）支持科研机构转制。对经国家批准的转制科研机构，从转制之日起或注册之日起5年内免征企业所得税和科研开发自用土地、房产的城镇土地使用税、房产税；5年期满后，经审定可延长2年。

（3）支持节能服务产业。一是对节能服务公司实施合同能源管理项目，取得的营业税应税收入，暂免征收营业税，对其无偿转让给用能单位的、因实施合同能源管理项目形成的资产，免征增值税。二是节能

----

[1] 摘自《国家税务总局关于明确外国企业和外籍个人技术转让收入免征营业税范围问题的通知》。

[2] 摘自《财政部、国家税务总局关于科技企业孵化器有关税收政策问题的通知》。

[3] 《营业税暂行条例》第一款第（五）项规定。

[4] 摘自《全国人民代表大会常务委员会关于修改〈中华人民共和国个人所得税法〉的决定》（中华人民共和国主席令第六十六号）。

[5] 摘自《财政部、国家税务总局关于纳税人向科技型中小企业技术创新基金捐赠有关所得税政策问题的通知》。

服务公司实施合同能源管理项目，符合税法有关规定的，自项目取得第一笔生产经营收入所属纳税年度起，第一年至第三年免征企业所得税，第四年至第六年减半征收企业所得税。三是用能企业按照能源管理合同，实际支付给节能服务公司的合理支出，均可以在计算当期应纳税所得额时扣除，不再区分服务费用和资产价款进行税务处理。四是能源管理合同期满后，节能服务公司转让给用能企业的因实施合同能源管理项目形成的资产，按折旧或摊销期满的资产进行税务处理。节能服务公司与用能企业办理上述资产的权属转移时，也不再另行计入节能服务公司的收入。①

（二）财政支出政策

这部分的财政支出政策主要包括财政投资、财政补助及奖励等方面的政策措施。

1. 支持节能环保方面。

（1）节能技术改造财政奖励资金。为实现"十一五"期间单位国内生产总值能耗降低 20% 左右的约束性指标，2007 年开始中央财政安排必要的引导资金，采取"以奖代补"方式对十大重点节能工程给予适当支持和奖励，奖励金额按项目技术改造完成后实际取得的节能量和规定的标准确定。同时，要明确企业的节能主体地位，落实责任，加强考核和监督。

（2）"节能产品惠民工程"财政补贴。根据《国务院关于加强节能工作的决定》和《国务院关于进一步加强节油节电工作的通知》，中央财政安排专项资金，支持高效节能产品的推广使用，扩大高效节能产品市场份额，提高用能产品的能源效率水平。

（3）三河三湖及松花江流域水污染防治财政专项补助资金。为确保"十一五"减排目标的实现，2007 年中央财政决定设立三河三湖及松花江流域水污染防治专项补助资金。专项资金补助范围是三河三湖及松花江流域水污染防治规划确定的项目和建设内容，其中已享受中央财政其他专项补助资金的项目，原则上不再安排。

（4）中央财政主要污染物减排专项资金。为支持国家确定的主要

---

① 摘自《加快推行合同能源管理促进节能服务产业发展的意见》。

污染物减排工作，2007 年中央财政设立了主要污染物减排专项资金。按照政府与市场职能划分的原则，减排资金重点用于支持中央环境保护部门履行政府职能而推进的、主要污染物减排指标、监测和考核体系建设，以及用于对主要污染物减排取得突出成绩的企业和地区的奖励。

2. 支持新能源发展的补贴。

（1）实施"金太阳"工程财政补贴。为促进光伏发电产业技术进步和规模化发展，培育战略性新兴产业，中央财政从可再生能源专项资金中安排一定资金，支持光伏发电技术在各类领域的示范应用及关键技术产业化，加快启动国内光伏发电市场。

（2）国家财政支持实施"太阳能屋顶计划"。国家财政支持实施"太阳能屋顶计划"，注重发挥财政资金政策杠杆的引导作用，形成政府引导、市场推进的机制和模式，加快光电商业化发展。一是对光电建筑应用示范工程，予以资金补助。中央财政安排专门资金，对符合条件的光电建筑应用示范工程予以补助，以部分弥补光电应用的初始投入。二是鼓励技术进步与科技创新。为激励先进，将严格设定光电建筑应用示范的标准与条件。财政优先支持技术先进、产品效率高、建筑一体化程度高、落实上网电价分摊政策的示范项目，从而不断促进提高光电建筑一体化应用水平，增强产业竞争力。三是鼓励地方政府出台相关财政扶持政策。将充分调动地方发展太阳能光电技术的积极性，出台相关财税扶持政策的地区将优先获得中央财政支持。

（3）风力发电设备产业化专项资金。为加快我国风电装备制造业技术进步，促进风电发展，中央财政安排专项资金支持风力发电设备产业化，以大力支持风电规模化发展。在做好风能资源评价和规划基础上，启动大型风电基地开发建设，同时建立比较完善的风电产业体系。

3. 节能与新能源汽车示范推广财政补助资金。

根据国务院关于"节能减排"、"加强节油节电工作"和"着力突破制约产业转型升级的重要关键技术，精心培育一批战略性产业"战略决策精神，为扩大汽车消费，加快汽车产业结构调整，推动节能与新能源汽车产业化，财政部、科技部决定，在北京、上海、重庆、长春、大连、杭州、济南、武汉、深圳、合肥、长沙、昆明、南昌等 13 个城市开展节能与新能源汽车示范推广试点工作，以财政政策鼓励在公交、出租、公务、环卫和邮政等公共服务领域，率先推广使用节能与新能源汽车，对推广使用单位购买节能与新能源汽车给予补助。其中，中央财政重点对购置节能与新能源汽车给予补助，地方财政重点对相关配套设施建设及维护保养给予补助。

（三）政府采购政策

2004 年 12 月，财政部、发改委联合出台了《节能产品政府采购实施意见》，公布了《节能产品政府采购清单》，其中列举了轻型汽车、复印机、打印机、木地板、电视机等 14 类产品，涉及 81 家企业和 856 个型号。文件要求各级国家机关事业单位和团体组织使用财政资金进行采购时，在技术、服务等指标同等条件下，应该优先采购节能产品采购清单中的产品国。同时强调今后将逐步扩大清单范围并实行动态管理，及时进行调整和更新。

2006 年 11 月，环保总局和财政部联合发布了《环境标志产品政府采购实施意见》和首批《环境标志产品政府采购清单》，要求 2007 年 1 月 1 日起首先在中央一级预算单位和省级（含计划单列市）预算单位实行，2008 年 1 月 1 日起全面实施。

2007 年 7 月国务院颁布了《建立节能产品强制性政府采购制度的通知》，规定各级政府机构使用财政性资金进行政府采购活动时，在技术、服务等指标满足采购需求的前提下，要优先采购节能产品，对部分节能效果、性能等达到要求的产品实行强制采购，以促进节约能源、保护环境，降低政府机构能源费用开支。建立节能产品政府采购清单管理制度，明确政府优先采购的节能产品和政府强制采购的节能产品类别，指导政府机构采购节能产品。科学制定节能产品政府采购清单。

二、我国地方财政支持战略性新兴产业发展的状况

近年来，我国许多省市纷纷采取各项措施支持本地的战略性新兴产业发展，2005 年重庆市财政局和工商联联合印发了《重庆市办公家具政府采购指导意见》，率先将办公家具纳入绿色采购的范围；同年青岛市财局和环保局发布了第一批政府绿色采购产品清单；贵阳市从 2006 年起在市级财政预算单位推行绿色采购，培育绿色市场体系；上海市规

定政府采购应当符合环境保护的要求，采购中心和采购人应当优先采购低耗能、低污染的货物和工程；2008 年北京奥组委也编制实施了"绿色采购指南"，并作为绿色奥运的重要措施来加以贯彻落实。现选择若干有代表性的省市作一介绍。

（一） 广东省

广东省积极培育和推动新能源、新材料、电子信息和生物医药等新兴产业发展，强化规划指导，加强政策支持，加大财政投入，创新体制机制，按照"有所为，有所不为"的原则，着力促进核心关键技术的突破和产业化。

现行有关税收政策对促进广东省战略性新兴产业发展发挥了积极作用，如根据 2008 年度企业所得税汇算清缴数据，2008 年度广东省国税系统征管的企业享受相关税收优惠的情况如下：研发费用加计扣除额为158354.52 万元；符合条件的技术转让所得 4893.02 万元；享受国家需要重点扶持的高新技术优惠的企业减免所得税额为 124284.62 万元；创业投资企业抵扣的应纳税所得额为 2.39 万元。

（二） 湖北省

湖北省财政确定了目前支持的若干重点领域，包括：

1. 培育新能源与节能环保装备制造业。

依托现有产业基础，大力扶持风电、核电以及节能环保装备制造业发展壮大，支持相关企业做大做强，提升综合竞争力。

2. 加快新能源汽车示范与应用。

重点推进混合动力、纯动力整车的工程化技术研发与规模化示范运营，推进车用动力电池与电机系统等关键部件的创新研发，形成整车与关键部件一体化开发，扩大产能，实现新能源汽车的产业化。支持武汉的车载氢燃料电池、襄樊的磷酸铁钒锂离子电池和宜昌磷酸亚铁锂电池关键材料与部件的研发与示范。

3. 加快新能源优势产业发展。

加快咸宁大畈核电站的建设，筹备和推动后续核电项目；因地制宜推进生物质能源的开发和利用，加快能源林建设；加快太阳能光伏技术的开发与利用，支持发展太阳能光伏产业；支持光电、地热等可再生能源建筑应用；在推动新能源发展的同时，有序推进清洁能源开发。

4. 加快节能环保产业发展。

围绕节能、环保及信息服务三大领域，突出节能环保产业研发和示范应用，重点在高效节能机电产业制造方面，在污染防治设备生产等方面，以及节能与环境服务方面，加大支持力度，推动产业发展，促进节能减排。同时，积极探索碳交易试点，实现产业化、规模化。

5. 支持新能源与节能环保新兴技术和产业研发。

支持提早介入物联网、智能电网等方面技术的研究，尽快实现产业转化及产业化，支持研究探索二氧化碳捕集、运送和埋存技术，抢占制高点，以适应未来新能源与节能环保产业发展需要。

6. 支持电子信息产业发展。

支持提高系统集成能力，完善产业链，壮大产业群，从外围向核心推进，从加工装配向研发制造转型，实现产业规模再上新台阶。重点发展光电子、下一代网络、应用电子及软件、信息服务等。

7. 支持新材料产业发展。

依托现有产业基础，以量大面广和重大基础设施亟须的高性能材料为突破口，大幅提高电子、生物及环保、化工、新型建筑等新材料产业的自主发展能力。

8. 支持生物医药、生物育种产业发展。

支持推进自主创新药品的产业化，培育一批骨干企业和优势产品，全面提升生物医药产业的竞争力。支持提高生物育种创新能力，加快产业化进程，推动市场服务体系建设，加快研发和推广生物育种产业化核心技术的应用。

（三）辽宁省

辽宁省财政厅充分发挥财政杠杆作用和财政资金导向作用，加强财税政策研究，增加安排资金，积极争取国家资金支持，努力为加快新兴产业发展提供财力支撑。

1. 进一步加大财政资金支持力度。

一是整合各类专项资金，划出一定比例，支持新兴产业基地内的基础设施、重点项目、科研开发、公共服务平台和创新能力建设。二是调整企业技改贴息、"五点一线"项目贴息、科技、中小企业发展等专项资金支出取向，重点支持新能源、新材料、软件和服务外包、环保产业、现代装备制造业、新医药、海洋产业、航空航天等新兴产业发展，拉伸产业链条，促进产业集群。

2. 进一步加大金融支持力度。

一是充分发挥省本级企业上市奖励资金作用，引导和支持新兴产业企业利用资本市场进行融资；二是地方商业银行在总贷款规模中，划出一定比例的资金，用于支持新兴产业发展；三是省中小企业信用担保中心对符合条件的新兴产业企业贷款优先提供担保。

3. 建立辽宁省创业投资引导基金。

多渠道筹措资金，建立辽宁省创业投资引导基金，使其规模逐步达到 20 亿元。用 3 至 5 年左右的时间，吸引各方资金 500 亿至 1000 亿元，在省内建立 50 只左右创业投资基金，每只基金的规模在 10 亿至 20 亿元以上，用于支持新兴产业发展。

4. 提高土地等生产要素的供给强度。

新增建设用地指标主要用于新兴产业基地和新兴产业项目建设，对重大项目由省"点供"用地指标。支持标准化厂房、公共服务平台和孵化器建设，为新兴产业发展提供载体。

5. 研究出台《辽宁省新兴产业指导目录》。

省政府研究出台了《辽宁省新兴产业指导目录》，包含 9 大新兴产业的 83 个重点领域，1041 类产品，304 项技术。对符合《辽宁省新兴产业指导目录》的企业和产品，优先享受国家、省鼓励发展产业的有关政策。

6. 加强新兴产业人才培养和引进。

实施"双百工程"战略，支持收购海外科技型企业项目，引进海外研发团队，提升企业的核心竞争力。支持高等院校和科研机构设立新学科和新专业，成立重点实验室和研发机构，培养新兴产业发展所需的各类人才。省"十百千高端人才引进工程"和"海外高层次人才引进工程"向新兴产业倾斜，重点引进新兴产业发展所需各类人才。

（四）江苏省

近年来，江苏省不断加强制度创新，强化制度建设，完善政策机制，形成了支持新兴产业发展的良好环境。

1. 加大财税支持力度。

2004 年起，江苏省政府设立科技创新与成果转化专项资金，并将资金规模从每年 3 亿元逐年增加到 21 亿元，其中 70% 以上用于培育壮大新兴产业。2009 年省政府成立注册资本为 30 亿元的再担保公司，解决科技型中小企业的融资困难，当年省财政科技支出达 91.5 亿元，高于财政一般性预算收入增长 10.1 个百分点，全社会科技活动经费 1134 亿元，全社会研发投入 700 亿元。江苏省财政还安排 20 亿元专项资金支持重点产业的调整和振兴，主要向发展新兴产业倾斜。此外，用足用好现有各项税收优惠政策，对符合条件的新兴产业企业加快认定为高新技术企业，加大对企业研发经费税前抵扣的执行力度，引导企业用好国家鼓励进口设备的减免税政策，对新兴产业重点企业的土地和房屋使用税进行适当减免。

2. 完善金融支持体系。

加大创业投资对新兴产业的投资力度，建立江苏省级新兴产业创业投资引导基金，形成各级政府引导支持创业投资的体系。加快企业创业板上市，支持具备条件的企业发行债券、短期融资券、中期票据以及上市公司再融资，鼓励产业投资基金参与重点发展领域股权投资。各级政府通过贷款担保、贴息、风险补贴等方式逐年加大对科技金融的引导和激励，江苏全省金融机构科技贷款总额突破 400 亿元。鼓励发展创业投资，建立创投骨干机构 115 家，创投资金管理规模 277 亿元。

3. 优先安排用地。

在坚持节约、集约用地的前提下优先安排新兴产业项目用地，对符合条件的项目实行土地"点供"。江苏省内需平衡布局的项目，优先向新兴产业倾斜。对省级重点项目，地方安排用地指标确有困难的，省有关部门给予适当支持。

（五）深圳市

深圳市政府专门设立了生物、新能源、互联网三大战略性新兴产业发展的专项资金，计划投资百亿元以上，来支持三大产业迅速形成规模。深圳市计划在这三大产业核心技术开发、攻关、应用、创新技术能力建设、重大项目培育和引进、人才培养以及知识产权标准战略和国内外市场开拓上倾注更大的精力、调动更多资源、采取更重要的措施。

1. 集中财力重点扶持战略性新兴产业。

自 2009 年起，连续 7 年，每年集中 15 亿元，设立互联网、新能源、生物产业发展专项资金用于支持战略性新兴产业发展。

2. 制定了互联网、新能源、生物产业振兴发展政策，将资金来源、用途进行了详细的规定。

主要包括：支持重大技术、关键技术突破，支持重大科研设施、实验室、工程技术中心建设，支持引进相关产业重大项目，支持技术标准和知识产权工作，鼓励资本市场支持相关产业，资助专业园区、孵化器建设，拓宽产业融资渠道，支持行业组织活动、吸引产业人才，等等。

3. 设立了支持战略性新兴产业的投资基金。

设立了总额为 30 亿的创业投资引导基金，并与国家发改委联合电子信息、生物医药两个产业的创业投资母基金，重点引导社会资金投向深圳战略性新兴产业。

三、目前财政政策支持战略性新兴产业发展的主要问题

虽然近年来我国支持战略性新兴产业发展的财政政策明显加强，但仍然存在问题与不足，主要表现为以下几个方面：

（一）缺少统一规划和政策制定体系

当前，国家还没有针对战略新兴产业的全面系统的发展规划、扶持政策和具体的促进措施。只是对个别产业和个别项目有一些零星的行业或项目优惠政策，无法全面有力地支持战略新兴产业的发展。中国发展战略性新兴产业，成败关键在于核心技术的掌握，应围绕解决重大问题为抓手，抓产业创新联盟，抓体制和机制改革，清除各种障碍，在财税、金融等方面创造条件扶持战略性新兴产业，同时加强国际合作，引导国内外包括风险投资基金和私募基金等在内的各种社会力量进入战略性新兴产业。

目前，支持战略新兴产业发展的体制机制存在约束，没有形成系统的财税政策支持体系，发展环境有待优化，市场环境亟待培育。促进战略性新兴产业的财税、知识产权、价格、投融资、人才、进出口

等政策比较零散，还不健全、不系统，特别是财政在市场准入、示范应用、政府采购、财政补贴、市场秩序等方面，扶持力度有待加强。

（二）支持战略性新兴产业发展的税收政策有待完善

我国现行政策支持点主要集中在成熟企业上，对大量处于创业阶段的科技企业税收政策支持较为缺乏。还有一些技术性企业，受制于国家专利技术申请的保护机制还不健全，虽然拥有自己的技术秘密，往往不选择申请专利，因此无法迈入高新技术企业的门槛。

现行税收优惠政策，在设计上侧重于产业链下游，忽视前期基础研发。针对应用技术研究和研究成果的较多，但对科技开发项目开发和转化环节的税收优惠较少，导致企业研究开发新产品投入不足，并造成自主创新的基础缺乏和技术"空心化"现象。

我国现行的高新技术税收优惠主要局限于税率式与税额式的直接优惠，方式单一。虽然这种优惠方式具有操作简便、透明度高、激励性强的特点，一般在高新技术企业成立初期使用，这是由高新技术企业成长特点所决定的，该阶段企业很难或很少获利，所以，该项政策难以给正在进行研究开发与成果转化阶段的企业带来实际利益。尽管现行税收优惠政策中也存在间接优惠方式，但是，对鼓励企业加大科技投入，促进企业科技创新和高科技产业化支持力度偏小。

现行企业所得税税收优惠过渡政策对于减免税期的设计，基本是从企业开办之日起，或者取得第一笔生产经营收入年度计算两免三减半。技术企业在创业初期所发生的基本上是科技研发和相关的管理、人员等费用，一般不发生收入和盈利，尤其是生物医药企业，研发周期更长，按照现行的税收优惠期设计，还没盈利，就已经过了免税期了。在这点上，台湾新竹从企业成立 10 年后的任意 5 年免征企业所得税的做法，比我们的从企业成立之日起 3 年内三免两减半更适合小企业成长。

（三）支持战略性新兴产业发展的财政支出政策尚不健全

1. 财政支持力度有待进一步加强。

尽管相关财政支出在逐年增加，但与战略性新兴产业发展的要求相比依然有很大差距。从部分领域来看，财政支持的力度尚有不足。例如，技术进步是战略性新兴产业发展的基本途径之一，目前我国主流生产、能源技术和装备水平在整体上仍然较低，多数技术相对落后，能源效率水平与国际上的差距为 10 ~ 20 年。我国节能政策的长期深入推进，对节能技术进步有较高的期望和要求。而目前国家对节能科研的支出不足。2007 年科技研发支出占 GDP 的比重只有 1.49%，远低于同期日本（3.39%）、美国（2.62%）、德国（2.53%）等发达国家的水平。其中，用于能源、节能、环保等领域的研发投入更少。结合我国战略性新兴产业发展的未来需要看，财政支持力度还需要进一步加强。

2. 支出机制不健全。

目前，对高新技术产业的财政支持机制中，仍以传统的支出及资助方式为主，资金分散在节能、环保等多个方面，没有建立统一的国家战略性新兴产业发展资金或基金，没有建立长期、稳定的财政支持机制。同时，还存在着一些不利于战略性新兴产业发展的财政补贴政策，有必要取消。

3. 支出绩效有待提高。

其中包括：（1）资金支出效率不高。相关资金存在挪用浪费现象，在建设过程中浪费严重，从而造成支出资金的实际效果大打折扣，形不成应有的规模。如用于植树造林的资金，不少是只重过程，不管结果。植树是"管种不管活"，从而造成"年年造林不见林"的局面。（2）存在资金购置的设施闲置现象。近年来，一些节能减排治理设施不能正常运转，未能发挥其应有的处理效果，从而影响了资金使用效率。

4. 政府采购政策有待进一步完善。

政府采购支持力度有待进一步加大，如对新能源产品、新能源汽车、节能产品、环保产品等方面的政府优先采购政策还需完善，需要建立和补充政府优先采购目录，政府首购、订购政策需要进一步落实。

四、财政支持战略性新兴产业的基本原则

在我国现行国情下，财政支持战略性新兴产业发展遵循的原则应该包括以下几个方面：

(一) 政府与市场相结合的原则

对于战略性新兴产业而言，具有受益的外部性、高风险性和高投入性等特点，因此决定了政府在培育和发展战略性新兴产业中负有重要责任，政府应当积极运用财税政策来引导和支持战略性新兴产业的发展。但是，政府绝不能替代市场的作用，而是要在运用财税政策的同时，创造一个良好的市场环境，通过市场机制的基础作用吸引优质资源流向战略性新兴产业。在发展战略性新兴产业过程中，处理政府与市场的关系要把握以下两点：

一是突出制度和政策创新，着力打造战略性新兴产业发展的长效机制。政府要在政策规划方面发挥重要的引导作用，重点支持公益性很强的战略性新兴产业发展，把后金融危机时代的政策选择与建立中长期新兴产业发展机制结合起来，通过完善现行扶持政策，消除制约战略性新兴产业发展的障碍，营造战略性新兴产业发展的良好环境。

二是立足于发挥市场机制作用，构建支持战略性新兴产业发展的政策体系。要善于利用市场配置资源的这样一个基础性作用，充分发挥企业这个技术进步主体的积极作用，明确政府和企业的责任，重在通过财税等政策引导，建立利益调节机制和制度办法，通过产学研用的紧密结合，推动战略性新兴产业发展和支柱产业升级。重点在于，通过财政政策来支持市场机制发挥作用，注重财税政策对于战略性新兴产业的引导作用。

(二) 针对性原则

财政支持战略性新兴产业发展要明确方向，突出重点。虽然当前我国财政实力有了很大的增加，但在支持战略性新兴产业发展过程中，需要集中财力，集中攻关，在明确目前所提出的战略性新兴产业的具体领域和范围的基础上，针对需求进行设计和制定相关财税政策。

财政支持要突出集聚战略，优化资源配置，整合财政资金、资源，重点支持规模发展，支持优势产业集聚发展。由于战略性新兴产业发展本身是一个复杂的系统的工作，需要政府从战略高度作出全面规划和统筹考虑，对各类技术、项目都要有相应的政策措施，体现政府促进战略性新兴产业发展的、鲜明的政策导向。但受到战略性新兴产业发展多样性、发展程度差别、市场条件差异等因素影响，必须选择重点，严格限定政府财政支出政策支持的重点范围，分步推进，不可盲目开发、遍地开发。要根据战略性新兴产业发展的技术程度度、资源情况、市场可接受性等因素，确定财政支出政策优先支持的顺序，应当集中资金支持有带动型的项目，不能面面俱到撒胡椒面。

（三）杠杆性原则

由于财政资金是有限的，即便是发达国家，财政资金也无法满足社会需要的所有政府投资，因此财政对于战略性新兴产业发展来说，仅仅是一种外力，更重要的是要发挥财政资金"四两拨千斤"的作用。因此，必须利用和丰富发展各种杠杆性财政政策工具，如财政补贴、贷款贴息、津贴、奖励、政府采购、税收优惠等，形成对企业的激励约束机制，使战略性新兴产业发展形成社会内在推动力。

（四）政策稳定性和灵活性相结合原则

首先，财政支持战略性新兴产业发展，应该在一定时期内保持稳定性，能够给予投资者稳定的预期，增强投资者信心，也有利于生产者合理安排生产计划，从而避免战略性新兴产业发展的无序和混乱，促进科学健康发展。其次，由于战略性新兴产业是动态发展的概念，随着世界产业发展趋势的变化，国家也必然对战略性新兴产业作出相应的调整，因此，促进战略性新兴产业的财政政策措施也必须兼顾时效，发挥及时的激励导引作用。

（五）与国际规则接轨原则

国际金融危机发生后，贸易保护主义重新抬头，国外反补贴、反倾销立案不断增加，立案范围和金额扩大。继纺织服装、玩具等传统出口产品屡遭反倾销调查后，2009 年轮胎、钢铁、钢铬栅板、铝挤压材等行业均受到欧美等国家贸易保护冲击，企业出口受到打击和挤压，面临的风险明显加大。在国际金融危机的负面影响尚未完全消退，国际经济形势更加错综复杂的情况下，我国研究制定促进战略性新兴产业的发展战略，必将引起国际社会的广泛关注，因此其财政扶持政策必须考虑与世贸规则的协调问题，尽量减少因政策制定不当而引发反倾销、反补贴等国家争端。

五、财政支持战略性新兴产业的方向和重点领域

（一）财政支持战略性新兴产业的方向

财政支持战略性新兴产业的方向包括以下几个方面：

1. 支持规划编制。

国家要抓紧制定出台战略性新兴产业发展规划，地方政府也应结合国家规划制定地方性发展规划，制定规划应注意两个问题，即提高规划编制的科学性，强化规划的执行力和约束力。

2. 支持标准制定。

要抓紧制定产业发展门槛和产品标准，避免产业无序发展和产品低质量生产。

3. 支持自主创新和科技成果转化。

新兴产业的本质就是科技创新成果的产业化。因此，科技创新对发展战略性新兴产业尤为关键和重要。加大财政对科技创新的支持力度，尤其要支持对战略性新兴产业具有重要意义的科技创新项目，争取在关键技术与共性技术上实现重点突破；要在政府主导与协调下，进行科技资源的优化配置，集聚资金与人才，提高重点领域的科技创新能力。

4. 积极培育市场，加大推广应用力度。

要尽快研究出台鼓励消费使用新兴产品的财政补贴、价格补助等政策，积极培育消费需求，拉动战略性新兴产业加快发展。

（二）财政支持战略性新兴产业的重点领域

《国务院关于加快培育和发展战略性新兴产业的决定》确定了战略性新兴产业发展的重点方向有七大产业，包括：节能环保、新一代信息技术、生物、高端装备制造、新能源、新材料、新能源汽车。

1. 支持节能环保产业发展，促进资源节约型和环境友好型社会建设。

节能环保产业是国家战略性新兴产业，是新的经济增长点，发展前

景广阔。我国能效比发达国家约低 10 个百分点，主要工业品能耗比发达国家高 30% 以上，因而节能任务非常繁重。我们必须按照走新型工业化道路和建设资源节约型、环境友好型社会的要求，完善相关政策法规、技术标准，大力推动应用工程建设和运行，加强节能环保和循环利用领域的重大技术、装备和产品的研发，促进我国节能环保产业的快速发展。财政支持节能环保产业发展的重点包括以下几个方面：

一是支持推进节能环保产业技术与装备创新平台体系建设。财政支持研发先进节能环保装备，加大节能产品惠民等已开展的节能环保工程实施的支持力度。

二是支持节能环保产业服务体系建设。要以标准化、系列化、国产化、现代化为导向，坚持政府扶持和市场规范运作相结合，自主创新和引进消化吸收相结合，促进节能环保咨询服务业和环境服务贸易发展。促进合同能源管理服务、生态效率评价服务、清洁生产审核、绿色产品认证评估服务、环境投资及风险评估服务加快发展，继续拉动市场需求，推动产业发展上规模上水平。

2. 支持新一代信息技术产业发展，带动制造业、服务业优化升级。

随着数字化、网络化、智能化技术的深入发展，硬件、软件、网络和服务将加速融合，软件比例增大、制造向服务转型成为电子信息产业重要的发展方向。当前和今后一个时期，必须加快构建我国无所不在、人人共享的信息网络体系，走出一条普惠、可靠、低成本的信息化与工业化融合的新路。要顺应信息网络技术发展的趋势，加速构建无所不在、人人共享的信息网络体系，实现三网融合、推进"感知中国"（物联网）建设，研发后 IP 时代技术，抢占信息网络的制高点，带动制造业和服务业的优化升级。另外，移动互联网应用将获得长足的发展，物联网产业链将包括以 RFID 为代表的物品识别技术、传感和传动技术、网络通信技术、数据存储和处理技术、以 3G 融合为代表的智能物体技术等多个方面。财政支持信息网络产业发展的重点包括以下几个方面：

一是支持三网融合的实现。在确定合理、先进、适用的技术路线的基础上，运用财政政策促进网络建设、业务应用和产业发展，推动建立适合我国国情的三网融合模式。

二是支持"感知中国"建设。抓紧突破物联网关键技术、制定标准体系、拓展应用领域，抢占国际物联网产业发展制高点。统筹物联网研发和产业化进程，推动传感网与通信网融合发展。

三是支持后 IP 时代技术研发。支持网络虚拟化技术及存储/计算等资源虚拟化的智能重叠网技术，以及高效网络数据交换、路由及端到端质量管理等关键技术的研究和开发利用。

3. 支持生物产业发展，努力为提高人民健康水平服务。

我国支持生物产业发展，包括生物制药和生物育种产业两个方面。

（1）支持生物制药产业发展。我国生物医药产业发展整体上落后于发达国家，因此，财政必须加强新医药基础研究的支持力度，推进资源整合，促进国际合作，争取在医药生物、后基因组技术、再生医药技术、生物医学工程等方面取得新成果。财政支持新医药产业发展的重点包括以下几个方面：

一是加强新医药基础研究的支持力度。重点支持生物医药研发技术、后基因组技术、再生医学技术、生物医学工程及远程技术等方面研究，加快科研成果向现实生产力转化。

二是通过财政政策手段推进资源整合和规范市场秩序。通过财政政策手段，推动合理规划布局生物医药产业园区，扶持一批拥有自主知识产权、综合竞争力较强的骨干企业。促进生物医药产品市场监管，鼓励企业申请有关安全、质量、环境管理等国际体系认证。

三是加大对新医药领域人才培养的支持力度。既要培养高端生物技术研发人才，也要培养一线生产技术人员。同时，为回国创业人员创造人尽其才的环境，提供场地、资金、设备等方面的支持。

（2）支持生物育种产业发展，促进国家粮食安全。发展种业不仅关系到国家粮食安全，更关系到一个国家的政治、经济利益。我国农业生物技术虽然取得长足进展，杂交稻等技术居于国际领先水平，但与发达国家相比，还存在差距。面对现代前沿高技术的挑战，要突出自主创新战略，加快培育农业自主知识产权重大技术成果，培育战略性新兴产业。要切实加强种质基因资源开发、生物育种核心技术和新品种开发、生物品种制种关键技术开发。财政支持生物育种产业发展，要支持重点提高生物育种创新能力，加快产业化进程，推动市场服务体系建设，加快研发和推广生物育种产业化核心技术的应用。

4. 支持高端装备制造业发展，抢占装备制造业国际高端领域。

高端装备制造业是指现代制造业的高端部分，是为国民经济各大行业提供先进技术设备的产业，是各项工业技术、信息技术及各类新兴技术的集成载体，它的发展直接关系到各个行业的产业升级、技术进步。向高端延伸，抢占高端领域，是重大的战略选择。财政支持高端制造业，重点扶持国家重大战略产品、关键共性技术和重大研究开发，增强产业创新能力，提高科技水平，不断优化高端装备制造业发展环境，促进高端装备制造业的发展。

5. 支持新能源产业发展，构建绿色能源体系。

进入新世纪以来，人们更加认识到，应对全球气候变化、自然资源大规模消耗和生态环境破坏的原有经济发展模式的根本办法是：加快发展高效、清洁、可持续的新能源产业，它将成为引领新一轮产业革命方向的战略性能源。据统计，中国人均化石能源可采储备远低于世界人均水平，新能源发电量占全国发电总量也远落后于世界平均水平。必须加大财政对新能源产业的投入，扶持风电、太阳能光伏发电、水电、生物质能、核电等产业的发展，构建绿色能源体系。财政支持新能源产业发展的重点包括以下几个方面：

一是支持推进可再生能源规模化发展。风电应制定实施进入大电网的技术标准和容量配额标准，太阳能光伏发电应集中突破电池组件技术及大规模储能和输电技术，生物质能应重点发展沼气综合循环利用和生物燃料技术。

二是支持新能源及装备的核心技术研发。在继续做好 AP1000 三代核电技术引进消化吸收再创新的同时，研制具有自主知识产权的 CAP1400 机型，加强铀资源保障和战略储备。财政加大风电、太阳能关键技术和设备研发支持力度。

三是支持煤炭合理高效清洁利用。在广泛应用先进煤炭资源勘探、煤矿开采、安全生产技术和提高煤炭生产集中度的基础上，着力发展超临界等大容量、高效率、低污染的煤炭直接燃烧技术，中远期要把以煤气化为基础的多联产技术作为战略选择。

6. 支持新材料产业发展，满足我国经济社会和国防建设需求。

虽然我国已是材料生产大国，但在新材料领域，总体水平同发达国家相比差距很大，自主知识产权的新材料专利成果少，某些高技术、高品质、高性能材料尚依赖进口，新材料成果转化率和规模化生产程度低。我们要成为材料生产的强国，必须抓好超级结构材料、新一代功能材料、战略能源材料和特别功能材料、环境友好材料、生物医用材料、航空航天用高性能结构材料和光电子材料等重点领域，以满足我国经济社会和国防建设的需要。财政支持新材料产业发展的重点包括以下几个方面：

一是支持技术研发，全面增强自主创新能力。财政重点支持我国形成若干新材料领域产业链专有的技术开发体系，推动我国电力、建筑节能、航空航天、装备工业新材料，水利、高铁等重大基础设施高性能材料形成国际竞争力。

二是新材料产业技术发展。促进新一代生物基材料、战略能源材料、电子信息材料、超级结构材料、纳米材料及器件、稀土和化工新材料等产业技术跻身世界前列。

三是支持产业集聚和资源整合，加速推进新材料产业与传统原材料工业实现融合发展，鼓励企业跨行业兼并重组，打造具有国际竞争力的大型新材料产业集团。

7. 支持新能源汽车产业发展，促进我国汽车行业可持续发展。

发展节能与新能源汽车是我国汽车行业可持续发展的必然选择。目前，中国新能源汽车技术路线格局包括"三纵三横"："三纵"为混合动力汽车、纯电动汽车、燃料电池汽车；"三横"为多能源动力总成控制系统、电机及其控制系统和电池及其管理系统。从目前技术来看，短期混合动力汽车具有优势，纯电动汽车是中长期的发展趋势。

财政支持电动汽车产业发展的重点应该是推进混合动力、纯动力整车的工程化技术研发与规模化示范运营，推进车用动力电池与电机系统等关键部件的创新研发，形成整车与关键部件一体化开发，扩大产能，实现新能源汽车的产业化。

第六章

支持战略性新兴产业发展的
财政支出政策

《国务院关于加快培育战略性新兴产业的决定》明确将新能源、节能环保、新能源汽车、新材料、生物产业、信息产业、高端装备制造七大产业纳入我国战略性新兴产业发展的规划范围，并提出要加大对战略性新兴产业的财政和税收支持力度。国家战略性新兴产业财政支出政策的实施，必将会引发政府与市场作用边界、财政投入作用机制、投资领域与范围、投入渠道与管理方式、资金绩效评价等方面的讨论。最终目的就是要提高财政投入资金的使用效益，有效地推动国家战略性新兴产业发展。

发展战略性新兴产业是贯彻落实科学发展观的客观需要，是加快转变经济发展方式的必然要求。党的十七大报告提出要"加快转变经济发展方式，推动产业结构优化升级"，强调要"发展现代产业体系，大力推进信息化与工业化融合，促进工业由大变强，振兴装备制造业，淘汰落后生产能力；提升高新技术产业，发展信息、生物、新材料、航空航天、海洋等产业"。其时，从国家战略层面，战略性新兴产业发展的重大决策已初步形成。为调整优化财政支出结构，发展战略性新兴产业指明了方向，明确了总体要求。本轮国际金融危机直接催生了发展战略性新兴产业的具体政策思路。随着世界经济逐步企稳回暖，各个国家都在考虑"后金融危机时代"如何在经济社会发展中抢占先机。在应对危机之初，一些主要国家都把争夺经济科技制高点作为战略重点，把科技创新投资作为最重要的战略投资。正是在这样的大背景下，我国及时地开展了对战略性新兴产业的战略谋划。面对严峻复杂的经济形势，党中央、国务院审时度势、果断决策。一方面主动应对形势变化，把保持经济平稳较快发展作为经济工作的首要任务，实施积极的财政政策和适度宽松的货币政策，努力保持经济平稳较快增长；另一方面着眼长远发展，强调"要以提高自主创新能力和增强三次产业协调性为重点，优化产业结构。着力突破制约产业转型升级的重要关键技术，精心培育一批战略性产业，加快企业兼并重组、支持重点企业技术改造"。经过一系列的统筹谋划、调查研究和政策设计，发展战略性新兴产业逐步由战略设想变为具体行为，有关决策部署要求正在有序落实当中。

一、财政支出政策支持战略性新兴产业发展的理论分析

财政支出的方向与用途，受到市场边界划分、政府角色与职能定位等诸多因素的制约。因此，讨论财政支出政策对战略性新兴产业的支持作用，首先必须明确政府的职能定位与作用边界，在此基础上，剖析财政支出政策支持战略性新兴产业发展的作用机理和传导机制，为支出政策具体设计、方案实施和效果评价奠定理论与逻辑基础。

（一）财政支出政策支持战略性新兴产业发展的经济社会背景

改革开放以来，我国积极推进市场化取向改革，逐步推动建立社会主义市场经济体制，以及与之相适应的公共财政体系基本框架，市场在资源配置中的基础性作用逐步增强，政府在市场经济条件下的角色与职能定位日益清晰。

1. 由建设主导型政府转向公共服务型政府。

改革开放之初，我国以经济建设为中心，政府主导经济建设的过程中，实现了连续三十多年的经济快速发展。但建设主导型政府不可避免地会带来地方保护主义、市场分割、政出多门等一些消极现象。政府干预经济程度高，市场机制发挥作用的空间有限，行政垄断和审批事项增多，各项社会事业发展滞后，政府的社会管理和公共服务职能受到削弱。建设公共服务型政府，从经济层面上说，政府的角色主要定位于市场监管和公共服务，立足于纠正"市场失灵"，为社会提供市场不能够有效提供的公共产品和公共服务，制定公平的市场规则，加强监管落实，确保公平、竞争、有序的市场环境，促进发挥市场在资源配置中的

基础性作用。从政治层面上说，政府的权力是人民赋予的，政府行使权力要接受人民的监督，确保为包括弱势群体在内的社会各阶层提供一个安全、平等和民主的制度环境，实现公平、透明、有效的治理。从社会层面上说，政府要从社会长远发展出发，提供稳定的就业、义务教育和社会保障，调节贫富差距，打击违法犯罪等，从而确保社会健康发展。

我国目前正处在健全和完善社会主义市场经济体制的关键时期，财税、金融、投资体制改革处于攻坚阶段。国家对教育、科技的投入规模与效率仍存在一定的差距，这是影响和制约科技创新和高新技术产业化发展的重要因素。但从根本意义上说，市场才是高新技术产业最有效的助力器和催化剂。当前战略性新兴产业发展遇到的困难与问题，既有市场环境和制度基础方面的原因，也有政府投入与支持不够的原因。因此，在推动经济建设主导型政府向公共服务型政府转变的过程中，对于战略性新兴产业的发展，政府不但可以有所作为，而且还必须大有作为。不但要有针对性地制定具体优惠政策，还要把焦点放在深化体制改革、加大财政直接投入上来，着重解决管理体制、运作机制和资金支持等方面的问题，建立起有利于战略性新兴产业发展的体制和机制，为推动科技进步和经济社会持续健康发展提供强大的推动力量。

2. 由全能型政府定位转向有限政府。

发展战略性新兴产业，要求政府在加强市场监管、改善公共服务的同时，加大直接投入力度，并不是要大包大揽，变成全能型、全天候政府。而是建设成为精确定位、定向投入、有效调节、市场运作的有限政府。全能政府是与计划经济体制相适应的，政府在资源配置中发挥主导性作用，决策与执行高度合一。而有限政府是与市场经济体制相适应的，重点是按市场经济发展的内在要求加强市场监管，面对所有企业提供公共服务，企业是自主决策、自负盈亏的市场主体。

有限政府的角色定位，具体到科技创新和战略性新兴产业的发展，则是指在科技创新、技术进步以及战略性新兴产业发展的过程中，政府是"有所为有所不为"，在合适的领域、环节进行投入，通过财政的适度支持，发挥财政资金"四两拨千斤"的效应，促进市场机制更好地引导战略性新兴产业的发展。比如，对基础性、前瞻性和具有强烈外溢性的研究，政府要加大直接投入力度，为能够直接形成产业化能力的技术创新提供基础；对于代表绿色经济发展方向的、即将能形成产业化能力的技术，政府通过首购、补贴等间接投入方式，支持尽快形成市场化、产业化的规模，催生新的经济增长点。因此，无论是发达国家还是发展中国家，在建设有限政府的过程中，其在促进科技创新与技术进步、支持战略性新兴产业发展等方面都负有重大的责任，其作用方式、政策设计和具体实施都要求更加精确定位，更加富有效率。

3. 构建学习型、创新型社会日益迫切。

人类不同文明的相互融合、学习借鉴、取长补短、相得益彰，这是社会进步的基本动力和力量源泉。在几千年的历史长河中，中华文明也正是通过与其他文明的学习与借鉴，不断获得新生、发扬光大。鸦片战争以来，由于诸多因素的制约，我们在世界经济发展格局当中一度落后，直至陷入被动挨打的境地。新中国成立以后，前期主要是照搬苏联模式，建立国民经济基本格局，形成了高度集中的计划经济管理体制。改革开放以来，则主要参照西方市场经济模式推动各项改革。中国发挥后发优势，在科技上大胆借鉴、模仿创新；在经济制度上虚心学习，初步建立了现代市场经济制度，成为世界的"制造工厂"，是经济发展中"追赶模式（catch-up）"成功的典范。源于体制改革过程中的积极性释放、人口红利、经济发展落差等原因，我国连续多年保持经济高速增长，取得了令人瞩目的成就。目前，中国经济总量已位居世界第二位，财政收入总量位居全球第五位，市场制度体系初步完善，与此同时，制度因素、人口红利、经济发展落差等推动因素开始弱化，环境资源压力进一步增大，经济社会发展的可持续性受到严重挑战。

因此，构建学习型、创新型社会是增强经济社会发展可持续性的客观要求，也是发展战略性新兴产业的前提和基础。未来，我国经济社会发展要增强可持续性，必须改变对"追赶模式"的过分依赖，大力发展战略性新兴产业。为应对未来的挑战，2009 年 9 月，国家主席胡锦涛在 20 国集团第三次金融峰会上强调"大力推动国际新兴产业尤其是节能减排、环保、新能源等领域的合作，积极培育世界新的增长点"。温家宝总理于 2009 年 9 月 21 日和 22 日主持召开三次新兴产业发展座谈会，并在 11 月 3 日发表了《让科技引领中国可持续发展》的重要讲话，重点提出了新能源、新材料、生命科学、生物医药、信息网络、空间海洋开发、地质勘探等领域。目前，我国战略性新兴产业发展的规划、政策制定与实施稳步有序推进，战略性新兴产业的发展已经迎来新的春天。

（二）财政支出政策支持战略性新兴产业发展的特点与优势

根据政府在科技创新领域的政策工具和作用方式不同，可以将政府的干预分为直接参与型国家干预机制和市场激励型国家干预机制。财政支出政策性是直接参与型国家干预机制的一种，主要包括政府拨款、政府采购、合作研究等形式。战略性新兴产业所具有的独有特性，以及其对经济社会发展的先导性作用，决定了政府应有效进行干预，推动相关产业加快发展。财政支出政策与市场激励型国家干预机制（产权激励、税收激励等）相比，对战略性新兴产业的发展具有独特的特点和优势：一是财政支出政策对相关市场的政府干预更加直接、更加有效。体现在资金到位方式上，财政支出政策一般是一次性到位，投入强度大。比如，政府补助就是直接一次性付清投资款。二是能够直接弥补创新产出市场供应不足的缺陷，发挥政府资金在组织公共物品供应方面的优势。通过财政支出政策的实施，可以与市场激励手段相辅相成、互相补充，共同促进战略性新兴产业发展。三是财政支出政策方式多样，适应性比较广。财政支出政策中比较常用的政府拨款、政府采购、合作研究三种形式，就各有其特点与优势。政府拨款在解决市场失灵方面具有天然的实效性，如果需要公共物品的供应，那么政府必须支持对公共物品生产的科技创新投入。政府采购具有矫正消费性市场失灵的功能，通过政府分配资金用于购买具有公共用途的特定商品或服务，同时允许企业竞标政府采购合同，可以有效引导市场购买行业，改变企业盈利结构。合作研究作为一种制度机制，合作研究与开发协议在政府机制与市场机制之间架起了一座桥梁，并推动了技术转让和"两用技术"（在公共物品和私人物品两端都能应用的技术）的发展；另外，合作研究能够发挥集体合力，攻克技术难关，避免或减少重复研发行为，同时也具有矫治市场失灵的功能。

（三）财政支出政策对战略性新兴产业发展的重要意义

培育和发展战略性新兴产业既需要高强度的资金投入、突破关键核心技术瓶颈，又需要强力推动科技成果应用和产业化、加强市场培育引导。我国目前在资金投入、体制机制、发展战略、市场培育、技术创新等方面均与发达国家有较大差距，与战略性新兴产业的客观要求也有一定距离。因此，财政支出政策支持战略性新兴产业发展意义十分重大。

1. 战略性新兴产业需要高强度的资金投入。

一般而言，战略性新兴产业的技术还不够成熟，技术路线面临多样化的选择，还需要经过市场的检验与筛选才能形成稳定的工艺流程和成形产品，在这个过程中需要进行多方面的尝试，对研究能力和投入能力要求都比较高，初期高投入、高风险的特征十分突出，需要强有力、系统性的财税、投融资政策支持。然而，目前我国无论在资金投入数量还是投入体制上均与发达国家有很大差距：从研发占 GDP 的比重来看，我国"十一五"规划中，计划到 2010 年研发投入占 GDP 的比重达到2%，我们经过很大的努力，到 2009 年研发投入只相当于 GDP 的1.62%，而在发达国家，研发投入占 GDP 的比重一般要达到 2.5% ~ 2.8%。在投资体制上，一方面我国创业投资规模小、天使投资缺失、融资性担保机构不发达、多层次金融市场不完善，导致大批处于初创期、成长期的创新型企业融资困难，资金瓶颈制约明显；另一方面又存在财政投入分散、使用效率不高的问题，政府采购、税收激励政策等未能发挥应有的作用，财政支持方式和政策体系需要进一步完善。此外，美国和欧盟一些国家出于政治利益以及保持竞争优势的考虑，在某些高新技术的转移方面，对我国还有许多出口限制，这更使得我国有必要加大技术研发投入、坚定不移地走自主创新之路。

2. 许多关键性核心技术瓶颈有待突破。

我国明确的战略性新兴产业中，虽然在某些技术领域已经跻身世界前列，但对关键技术的掌握和整个技术体系能力都与发达国家有一定的差距，关键核心技术和装备主要依赖进口，自主知识产权品级比较低，从而制约了新兴产业的正常发展。比如，我国风能虽然装机容量已居世界前列，但大型风机的设计能力和关键部件的制造技术较弱；太阳能电池虽然产量世界第一，但高转换效率的太阳能薄膜电池等新一代光伏电池核心技术没掌握；新兴信息产业虽然在系统设备研发方面取得了明显进展，但在芯片、光电、高性能计算等领域的基础性技术还有待突破；生物医药产业虽然在快速发展，但缺乏创新药物和配套的关键设备；装备制造业虽然规模较大，但大型装备、关键核心部件和控制技术严重依赖进口；农业粮食产量位导世界前列，但拥有自主知识产权的转基因农作物新品种较少。另外，新能源汽车除了电动机的自主研发技术进展较快外，电池、电机、电控等关键核心技术尚需进一步突破，在燃料电池汽车方面与世界水平的差距较大，在混合动力汽车方面，我们也刚刚起步。物联网的相关标准、技术还处于探索阶段，目前在构成物联网应用底层的传感器产业方面，我国研发实力还很落后，80%的传感器依靠进口。这一切都说明我国在关键核心技术领域差距还很大，这也迫切需要我们在战略性新兴产业发展方面下更大的工夫，力求早日突破，形成整体竞争能力。

3. 战略性新兴产业需要较长的市场培育期。

战略性新兴产业的产品和服务由于技术、基础设施和服务体系不完善，初期市场规模小，往往成本较高，消费市场的认同度低。因此，潜在的市场需求要转化为现实的需求，需要克服消费习惯、技术瓶颈、生产成本、配套设施等诸多障碍，将会是一个漫长、曲折的过程。任何一种新兴产业，在其发展过程中往往会因为产业链不配套导致阶段性过剩。比如，2000 年美国的网络经济泡沫，当时网络由国家投资建起来了，软件和设备也都有了，但因为市场需求没有同步发展，就出现了"网络泡沫"。再比如，生物育种产业牵涉到转基因技术，正面临激烈的伦理争论，尽管并没有任何机构的权威报告证明转基因食品对人的健康的危害，但直到目前，依然存在大量的反对转基因食品大面积推广的声音和言论。这种来自人的情感以及对食物的安全性所表现出的远超出其他事物的谨慎态度，客观上是一种很难打破的"偏见"，这也将深刻地影响到转基因技术的推广。再比如，在新能源汽车的技术路线选择上，中国目前有一定优势的技术方向就是电动汽车。然而，这一技术的市场化受到快速充电系统和充电站的建设规模等因素的制约，短期内很难有突破。太阳能发电和风力发电并网也遇到电网接入、价格补贴等问题。这些是任何一个重要产业在市场培育期都会面临的困难和问题，通过政府的力量解决得愈早，那么市场成熟得就会愈快，我国新兴产业在国际竞争当中就会占领更有利的位置。

4. 科技成果应用和产业化需要政府加大推动力度。

高科技成果的产品化是个世界难题，产业化更是难上加难。根据美国的一项统计数据，高科技成果产业化一般失败率达 70%，完全失败率达 20% ~ 30%。据有关方面的统计，我国科技成果转化率平均仅为 20%，发达国家为 60% ~ 80%；真正实现产业化的科技成果不足 5%，发达国家为 20% ~ 30%。我国技术进步对经济增长的贡献率只有 29%，发达国家为 75% 以上；我国高新技术企业的产值在社会总产值的比例仅为 2%，发达国家为 25% ~ 30%。随着我国国民经济持续稳定发展和人均收入的不断提高，我国的生产和消费模式正在发生深刻的演变，为新产品消费提供了巨大的空间，为发展战略性新兴产业提供了巨大的市场驱动力。但目前我国政府在推动科技成果应用和产业化方面手段单一，整体力度还有待进一步加强。由于战略性新兴产业领域的新技术、新产品在市场导入期往往存在种种障碍，需政府推动应用示范、制定标准和建设关联基础设施等，积极引导消费。而这方方面面的支持都需要以一定的财力支持作保障。

二、支持战略性新兴产业发展的财政支出政策现状分析

在长期的计划经济体制下，我国建立起一种以政府部门研究机构为主体，以垂直领导关系为特色的科技体制。财政拨款曾是科学技术研究和开发的唯一资金来源。随着经济体制改革的不断深入发展，企业的市场主体地位进一步确立，科技界也逐步推进以解决科技与经济结合和科技成果转化问题为主要目标的体制改革，建立以企业为主体、适合我国国情的科技体制以及多元化的科技投入模式，与此同时，各个时期新兴产业发展的资金来源情况也出现了积极的变化。

（一）当前可供选择的财政支出政策类型

目前，我国支持战略性新兴产业可供利用的支出政策手段主要包括：一般预算支出政策、专项资金政策、财政补贴政策、财政贴息政策、政府采购政策、财政担保政策等。其中，一般预算支出政策是直接发挥一般预算财政资金本身的作用，促进加快战略性新兴产业关键领域的发展。而财政补贴、财政贴息、财政担保等政策则主要立足于发展财政资金的杠杆作用，促进放大财政资金的带动效应，带动社会资金投入，推动战略性新兴产业发展。

1. 一般预算支出政策。

一般预算支出政策是指增加除国债外的预算投入直接用于支持战略

性新兴产业发展。这里的一般预算直接支出政策是有针对性的，考虑到后面的政府采购等方式也包括从财政预算中安排的支出。因此这里所指的一般预算支出政策特指增加一般预算投入资金直接用于支持战略性新兴产业发展的投入，并明确投入的比重和使用方向。一般预算直接支出政策是公共财政的核心内容，最能体现公共财政的公共性，因此一般预算直接支出政策所支持的对象必须具有公共产品性质或具有准公共产品性质，是存在市场失灵、单纯依靠市场所不能解决的领域。一般预算直接投入支持战略性新兴产业发展，就是要有效地引导和整合技术、投融资体制，利用竞争驱动使新技术生产的产品成本下降，使产品迅速占领市场。

2. 专项资金政策。

专项资金政策是指政府通过政策资源和资金渠道，设立战略性新兴产业发展专项资金，推动建立稳定的财政投入增长机制，以此为杠杆支持重大关键技术研发、重大产业创新发展工程、重大创新成果产业化、重大应用示范工程、创新能力建设等。通过加大政府引导和支持力度，加快高效节能产品、环境标志产品和资源循环利用产品等推广应用。大力发展创业投资和股权投资基金，建立和完善促进创业投资和股权投资行业健康发展的配套政策体系与监管体系。发挥政府新兴产业创业投资资金的引导作用，充分运用市场机制，带动社会资金投向战略性新兴产业中处于创业早中期阶段的创新型企业，鼓励民间资本投资战略性新兴产业，扩大新兴产业创业投资规模。

3. 财政补贴政策。

财政补贴是一种影响相对价格结构，从而可以改变资源配置结构、供给结构和需求结构的政府无偿支出。财政补贴政策通过少量财政资金投入，引导更多的社会资本投入到相关领域，可以放大财政资金的使用功效，起到"四两拨千斤"的作用。财政补贴政策的特点是较为灵活，可以实行投资补贴、产出补贴和消费补贴等多种方式，补贴对象既可以是生产者，也可以是下游的或终端的消费者，是国际上使用较为普遍的一种支持产业发展的政策手段。

以奖代补是把补贴改为奖励的财政支持方式。当地方或者企业在战略性新兴产业发展和自主创新目标达到或者超过预期效果时财政给予一定的奖励。以奖代补是一种重要的激励措施，可以充分调动地方或者企业发展战略性新兴产业和实施自主创新的积极性和创造性。

4. 财政贴息政策。

财政贴息是政府提供的一种较为隐蔽的补贴形式，即政府代企业支付部分或全部贷款利息，其实质是向企业成本价格提供补贴。财政贴息是政府为支持特定领域或区域发展，根据国家宏观经济形势和政策目标，对承贷企业的银行贷款利息给予的补贴。主要有两种方式：一是财政将贴息资金直接拨付给受益企业；二是财政将贴息资金拨付给贷款银行，由贷款银行以政策性优惠利率向企业提供贷款，受益企业按照实际发生的利率计算和确认利息费用。财政贴息一般适用于新建或技改项目，政策的最初作用点是有效引导供给，降低供给的成本或风险。从政策实践情况来看，财政贴息是财政资金使用方式的改革方向，是支持战略性新兴产业发展、推动企业自主创新的一种非常有效的政策手段。

5. 政府采购政策。

政府采购政策是指政府机构使用财政资金购买货物、服务和工程的行为。政策功能主要是通过采购规模的增减调节经济运行，促进产业结构调整；优先购买国内商品，保护国内产业，支持国内企业发展；扶持中小企业发展。在具体政策方式上，主要是将需要支持的战略性新兴产业的产品和相关市场服务纳入政府采购范围，培育新兴产业市场。应用政府首购和订购政策，将战略性新兴产业产品纳入范围；完善现有自主创新产品、节能和环境保护产品的优先或强制性政府采购制度，加大对相关产品的采购支持力度。

6. 财政担保政策。

财政担保是以使用风险投资的原理支持政府倡导的领域加快发展，而促进战略性新兴产业发展恰恰是政府扶持的重点领域。具体到政策操作层面，不一定是政府直接对与战略性新兴产业有关的项目提供直接的财政担保，也可以通过对战略性新兴产业发展提供担保的公司提供补贴、公用经费、专款资助等多种形式进行。

（二）当前财政支出政策的基本格局

在国务院发展规划出台之前，我国对战略性新兴产业的支持政策，分别散见于政府支持节能环保、新能源发展和节能与新能源汽车推广等方面，最为突出的是设立节能减排和可再生能源发展两个专项资金。2007～2009 年，共安排 1020 亿元专项资金，支持节能环保、新能源和新能源汽车等新兴产业发展。其中：在 21 个城市和 38 个县开展可再生能源建筑应用城市示范及农村县级示范；推广 2.1 亿只高效照明产品、500 多万台高效节能空调；组织实施"金太阳工程"和"屋顶计划"；在北京等 13 个试点城市推广 4700 多辆节能与新能源汽车等。在加大战略性新兴产业科研投入方面，2008 年以来，已通过 863、973、国家科技支撑计划、公益性行业科研专项等安排专项资金，用于支持战略性新兴产业相关科研工作。同时，还安排了相关科技重大专项资金，用于实施"大型先进压水堆及高温气冷堆核电站"、"重大新药创制"、"转基因生物新品种培育"等涉及战略性新兴产业发展的科技重大专项。推动实施了"新兴产业创投计划"。2009 年，在北京等 7 个省市开展中央财政出资参股地方创投基金试点工作，支持设立 20 只创业投资基金，中央财政计划投入 10 亿元，带动地方财政 10 多亿元，预计吸引社会投资约 70 亿元，用于支持新能源、新材料、电子信息等新兴产业研发和科技成果转化。具体而言，主要有以下几个方面的探索：

1. 支持节能环保方面。

（1）节能技术改造财政奖励资金。为实现"十一五"期间单位国内生产总值能耗降低 20% 左右的约束性指标，2007 年开始中央财政安排必要的引导资金，采取"以奖代补"方式对十大重点节能工程给予适当支持和奖励，奖励金额按项目技术改造完成后实际取得的节能量和规定标准确定。同时，要明确企业的节能主体地位，落实责任，加强考核和监督。以投资补助方式实施的十大重点节能工程具体见表 6-1。

（2）"节能产品惠民工程"财政补贴。根据《国务院关于加强节能工作的决定》和《国务院关于进一步加强节油节电工作的通知》，中央财政安排专项资金，支持高效节能产品的推广使用，扩大高效节能产品市场份额，提高相关产品的能源利用效率。

（3）三河三湖及松花江流域水污染防治财政专项补助资金。为确保"十一五"减排目标的实现，2007 年中央财政决定设立三河三湖及松花江流域水污染防治专项补助资金。专项资金补助范围是三河三湖及松花江流域水污染防治规划（以下简称规划）确定的项目和建设内容。其中已享受中央财政其他专项补助资金的项目，原则上不再安排。

表 6 – 1　　　　　　　　　　　十大重点节能工程

十大工程	政策内容
余热余压利用工程	在钢铁、建材、化工等高耗能行业，改造和建设纯低温余热发电、压差发电、副产可燃气体和低热值气体回收利用等余热余压余能利用装置和设备
节约和替代石油工程	在电力、石油石化、建材、化工、交通运输等行业，实施节约和替代石油改造；发展煤炭液化石油产品、醇醚燃料代油以及生物质柴油
燃煤工业锅炉（窑炉）改造工程	更新改造低效工业锅炉，建设区域锅炉专用煤集中配送加工中心；淘汰落后工业窑炉，对现有工业窑炉进行综合节能改造
电机系统节能工程	更新改造低效电动机，对大中型变工况电机系统进行调速改造，对电机系统被拖动设备进行节能改造
能量系统优化工程	对炼油、乙烯、合成氨、钢铁企业进行系统节能改造
区域热电联产工程	建设采暖供热为主热电联产和工业热电联产，分布式热电联产和热电冷联供，以及低热值燃料和秸秆等综合利用示范热电厂
建筑节能工程	新建建筑全面严格执行 50% 节能标准，四个直辖市和北方严寒、寒冷地区实施新建建筑节能 65% 的标准，并实行全过程严格监管。建设低能耗、超低能耗建筑以及可再生能源与建筑一体化示范工程，对现有居住建筑和公共建筑进行城市级示范改造，推进新型墙体材料和节能建材产业化
绿色照明工程	以提高产品质量、降低生产成本、增强自主创新能力为主的节能灯生产线技术改造，高效照明产品推广应用
政府机构节能工程	既有建筑节能改造和综合电效改造，新建建筑节能评审和全过程监控，推行节能产品政府采购
节能监测和技术服务体系建设工程	省级节能监测（监察）中心节能监测仪器和设备更新改造，组织重点耗能企业能源审计等

（4）中央财政主要污染物减排专项资金。为支持国家确定的主要污染物减排工作，2007 年中央财政设立了主要污染物减排专项资金。按照政府与市场职能划分的原则，减排专项资金重点用于支持中央环境保护部门履行政府职能而推进的主要污染物减排指标、监测和考核体系建设，以及用于对主要污染物减排取得突出成绩的企业和地区进行奖励。

（5）发挥政府采购政策推动作用。从 2004 年开始，财政部分别会同国家发展改革委、环保部制定了节能产品、环境标志产品的政府优先采购和强制采购政策。政策要求政府采购应当优先采购经过国家有关部门和权威机构认证并列入相应清单的节能产品、环境标志产品。2007年，国务院办公厅印发《关于建立政府强制采购节能产品制度的通知》，对部分节能效果突出的产品实行强制采购。

2. 支持新能源发展方面。

（1）实施"金太阳"工程财政补贴。为促进光伏发电产业技术进步和规模化发展，培育相关战略性新兴产业，中央财政从可再生能源专项资金中安排一定资金，支持光伏发电技术在各相关领域的示范应用及关键技术产业化，加快启动国内光伏发电市场。

（2）国家财政支持实施"太阳能屋顶计划"。国家财政支持实施"太阳能屋顶计划"，注重发挥财政资金政策杠杆的引导作用，形成政府引导、市场推进的机制和模式，加快光电商业化发展进程。

——对光电建筑应用示范工程予以资金补助。中央财政安排专门资金，对符合条件的光电建筑应用示范工程予以补助，以部分弥补光电应用的初始投入。

——鼓励技术进步与科技创新。按照事先设定的光电建筑应用示范的标准与条件，财政资金优先支持技术先进、产品效率高、建筑一体化程度高、落实上网电价分摊政策的示范项目，从而不断促进提高光电建筑一体化应用水平，增强产业竞争力。

——鼓励地方政府出台相关财政扶持政策。充分调动地方发展太阳能光电技术的积极性，出台相关财税扶持政策的地区将优先获得中央财政支持。

（3）风力发电设备产业化专项资金。为加快我国风电装备制造业技术进步，促进风电产业发展，中央财政安排专项资金支持风力发电设备产业化，以大力支持风电的规模化发展。在做好风能资源评价和规划的基础上，启动大型风电基地开发建设，同时建立比较完善的风电产业体系。

3. 支持节能与新能源汽车示范推广方面。

根据国务院关于"节能减排"、"加强节油节电工作"和"着力突破制约产业转型升级的重要关键技术，精心培育一批战略性产业"等有关精神要求，为扩大汽车消费，加快汽车产业结构调整，推动节能与新能源汽车产业化，财政部、科技部决定在北京、上海、重庆、长春、大连、杭州、济南、武汉、深圳、合肥、长沙、昆明、南昌 13 个城市开展节能与新能源汽车示范推广试点，以财政政策鼓励在公交、出租、公务、环卫和邮政等公共服务领域率先推广使用节能与新能源汽车，对推广使用单位购买节能与新能源汽车给予补助。其中，中央财政重点对购置节能与新能源汽车给予补助，地方财政重点对相关配套设施建设及维护保养给予补助。此外，财政部还会同国家发展改革委、环境保护部建立了节能产品和环境标志产品优先采购制度，制定了"节能产品政府采购清单"和"环境标志产品政府采购清单"，每半年更新一期，并在此基础上对空调、计算机等办公设备、照明产品和用水器具实行强制采购。目前节能产品已扩大到 34 类 18000 种产品，环境标志产品已增加到 21 类 8600 多种产品。

4. 支持现代信息产业发展。

2005 年，财政部会同国家发展改革委、信息产业部印发《关于无线局域网产品政府采购的实施意见》，要求政府采购要优先采购符合国家无线局域网安全标准，并通过国家产品认证的产品。2006 年，财政部会同有关部门印发关于政府部门购置计算机办公设备必须采购已预装正版操作系统软件产品的通知，要求各级政府在购置计算机办公设备时，必须采购预装正版操作系统软件的计算机产品。各级政府部门购置计算机办公设备，必须提供必要的购买软件的配套资金。2007 年，财政部印发政府采购进口产品管理办法，建立政府采购进口产品审核管理制度，对国家机关、事业单位和团体组织使用财政性资金采购进口产品的行为予以规范。要求政府采购应当采购本国产品，当采购人需要采购的产品在中国境内无法获取或者无法以合理的商业条件获取，确需采购进口产品时，实行审核制度。

在维护信息安全方面，2008 年，财政部会同国家密码管理局等部门印发含有密码技术的信息产品政府采购规定，要求在政府信息系统和涉及国家秘密的信息系统中，使用财政性资金采购含有密码技术的信息产品的，应当采购经过国家安全评估、检测并列入相关目录中的产品。2009 年，财政部会同工业和信息化部等部门印发了《关于信息安全产品实施政府采购的通知》，要求政府采购应当采购经过国家认证的信息安全产品。

5. 支持科技创新方面。

除了设立科技专项资金，促进加快战略性新业产业发展以外，国家通过支持科技创新，推动相关产业发展，主要表现在三个方面：一是重点加大对相关科研的投入。2008 年以来，已通过"863"、"973"、国家科技支撑计划、公益性行业科研专项等安排约 129 亿元，用于支持战略性新兴产业相关科研工作。安排近 92 亿元专项资金，用于实施"大型先进压水堆及高温气冷堆核电站"、"重大新药创制"、"转基因生物新品种培育"等涉及战略性新兴产业发展的科技重大专项。二是实施"新兴产业创投计划"。2009 年，在北京等 7 个省市开展中央财政出资参股地方创投基金试点，支持设立 20 只创业投资基金，中央财政计划投入 10 亿元，带动地方财政投入 10 多亿元，预计吸引社会投资约 70 亿元，用于支持新能源、新材料、电子信息等新兴产业研发和科技成果转化。三是加大政府采购支持科技创新力度。2006 年，财政部配合科技部印发《国家自主创新产品认定管理办法（试行）》，对国家自主创新产品认定的基本条件、程序等做出了规定。同时，印发《关于实施促进自主创新政府采购政策的若干意见》，对各地积极探索促进自主创新的政府采购政策提出了要求。2007 年，财政部印发《自主创新产品政府采购预算管理、评审与合同管理、首购和订购管理等四个办法》，要求采购人在预算编制工作中，要优先考虑购买自主创新产品，各级财政部门要优先安排采购自主创新产品的预算；降低对自主创新产品供应商的资格要求，改进评审办法，在采购过程中给予自主创新产品优惠政策；自主创新产品政府采购合同必须将促进自主创新作为必备条款，在履约保证金、付款期限等方面给予自主创新产品供应商适当支持。对于国内企业或科研机构生产或开发的，暂不具有市场竞争力，但符合国民经济发展要求、代表先进技术发展方向的试制品和首次投向市场的产品，政府首先采购使用；对于国家需要研究开发的重大创新产品、技术、软科学研究课题等，通过政府采购方式面向全社会确定研究开发和生产机构。2009 年，财政部会同科技部印发《关于开展 2009 年国家自主创新产品认定工作的通知》，启动了国家自主创新产品认定工作。

6. 扶持相关领域中小企业发展。

不断加大对政府购买公共服务政策的研究和落实力度。汽车维修、汽车保险、汽车加油、信息管理系统开发及维护等服务项目纳入政府采购，服务类政府采购规模不断增长，为中小企业创造大量市场机会。2009 年，财政部会同国家发展改革委等 9 部委联合下发了《关于鼓励政府和企业发包促进我国服务外包产业发展的指导意见》，鼓励采购人将涉及信息技术咨询、运营维护、软件开发和部署、测试、数据处理、系统集成等不涉及秘密的可外包业务发包给专业中小企业。2009 年，财政部开展在政府采购领域引入信用担保的试点工作，由专业担保机构在投标、履约、融资等方面向中小企业提供担保服务，提升其信用水平，增加中小企业参与政府采购的机会和融资渠道，降低其参加政府采购的门槛，从而起到促进中小企业发展的作用。

（三）支持战略性新兴产业发展的财政支出政策存在的问题和不足

近年来，中央财政出台了一系列支持高新技术企业、产业和产品的优惠政策，加大科技投入力度，促进提升科技发展水平，支持高新技术产业的发展，为战略性新兴产业发展提供一定的政策基础。但由于战略性新兴产业概念的提出与范围界定较晚，目前的支出政策体系与政策目标要求相比，还存在许多不足之处。

1. 财政支出政策的支持力度有待进一步加大。

尽管相关财政投入在逐年增加，但与战略性新兴产业发展的要求相比依然有很大差距。从一些领域来看，财政支出支持的力度尚有不足。一些地方对战略性新兴产业发展的重要性认识不足、重视不够，在科技开发和技术推广上重点不突出，对于战略性新兴产业发展的支持力度还不够。特别是对于战略性"制高点"科技攻关项目的财政直接支持还不够，现有支出支持力度仍不足以有效地解决战略性新兴产业发展所需的核心技术与关键设备的研究和开发问题。比如，技术进步是战略性新兴产业发展的基本途径之一，目前我国能源技术和装备水平在整体上仍然较低，多数技术水平仍相对落后，能源效率水平与国际上的差距为 10～20 年。无论是支持实现政府提出的节能目标、还是我国节能的长期深入推进，对节能技术进步都有较强的需求。而目前国家对节能技术研究开发的投入严重不足。2007 年科技研发支出占 GDP 的比重只有 1.49%，远低于同期日本（3.39%）、美国（2.62%）、德国（2.53%）等发达国家的水平。其中，用于能源、节能、环保等领域的研发投入更少。结合我国战略性新兴产业发展的未来需要看，财政支出政策的支持力度还需要进一步加大。

2. 财政支出政策的支持机制有待进一步创新。

目前，对高新技术产业的财政政策支持机制中仍以传统的投入及资助方式为主，战略性新兴产业发展的资金分散在节能、环保等多个方面，资助环节、对象和方式不能很好地适应经济社会发展的新形势，没有建立统一的国家战略性新兴产业发展资金或基金，没有建立长期、稳定的财政支出增长机制。同时，在财政支出方面还存在着一些不利于战略性新兴产业发展的财政补贴政策，财政支出的方式、渠道有待进一步调整和完善，财政资金的使用效率有待进一步提高。比如，国家尚未设立战略性新兴产业发展基金，需要根据不同产业特点分设若干子基金，省级政府也应根据自身发展的重点相应设立产业发展基金，专项用于国家级的战略性新兴产业的基础研究、技术研发、技术创新、科技成果产业化。对激励机制（"以奖代补"和资金切块等间接的补贴传导政策）、引导机制（价格补贴、贷款贴息、创业投资、股权投资、风险补偿等方式）、投入机制等都有待进一步研究创新。迫切需要整合各部门、各渠道安排的财政专项资金，集中投入，统筹使用，促进提高资金使用效益。

3. 财政支出的资金绩效有待进一步提高。

财政支出管理和资金使用绩效评价的机制尚未完全建立，难以适应战略性新兴产业发展的新要求。相关资金存在挪用浪费现象，财政支出政策的实际执行效果大打折扣。投入不足与重复投入现象并存，一方面许多领域财政投入严重不足，另一方面又存在资金重复购置和设备闲置现象。个别财政支出政策的操作性不强，难以有效执行，财政资金的效果难以有效发挥。财政支出政策实施体制机制还需要进一步改进，一些地方仍然沿用计划管理体制下的工作思路和方式，习惯于用行政手段争取项目、兴办企业、抢占市场，忽视甚至排斥市场机制在创新资源配置中的基础性作用，很少考虑本地区是否具有发展优势，致使一些匆忙上马的项目因缺乏创新能力、技术含量不高、竞争力不强而难以为继。

4. 政府采购在支持战略性新兴产业发展中的作用机制还未能有效发挥。

几年来，政府采购政策在推动企业技术进步方面取得了一些成效，但总体上看，对于推动战略性新兴产业的发展还存在不少问题。首先，政府采购制度改革过程中的一些深层次矛盾和问题已逐步显现，采购市场竞争秩序不规范，监管和执行操作不到位，采购诚信体系不健全等，政府采购政策功能的效能发挥受到制约。其次，覆盖范围窄、执行不到位。比如，大量工程未实现政府采购，政府采购规模和占 GDP 比例与国际相比还较低，政府采购政策功能发挥作用的范围也较小。一些地方采取各种措施规避采购，相关制度规定执行不到位，政府采购政策功能的贯彻执行还有待进一步加强。第三，政府采购政策制度设计和功能发挥本身还需要进一步探索，加强调查研究，促进完善相关制度规定和配套机制，通过解决机制性矛盾和体制性问题，促进政府采购更好地发挥推动战略性新兴产业发展的作用。

5. 有针对性地引导和鼓励企业进行人力资本投资还不够。

我国掌握高新技术的人才较缺乏，但鼓励企业和个人进行人力资本投资的税收优惠政策体系还需要进一步完善。目前，我国个人所得税中对科技人才的优惠政策覆盖面小，只限于省级以上政府发放的"科技奖金"和"政府特别津贴"，在调动科研单位和科技工作者的积极性、促进企业和个人进行人力资本投资方面力度明显不够。企业为留住科技开发人才，要对他们支付较高薪酬，同时缴纳较多的个人所得税，但在税务部门征收企业所得税时，科技人才高薪酬部分又往往不允许计入企业成本开支而必须计入企业所得税应纳税所得额，形成重复课税，抑制了企业重用科技人才、加快研究开发的积极性。

三、完善支持战略性新兴产业发展财政支出政策的具体建议

战略性新兴产业在国家经济社会发展的特殊重要地位和作用，决定了政府必须集中财力办大事，大力支持战略性新兴产业发展。在当前世界许多国家纷纷加大财政支持力度、推动加快战略性新兴产业发展的背景下，我们必须正视现实，迎接挑战，从国家长远发展的战略高度出发，加大财政投入力度，合理确定支出范围和支持重点，完善和整合现有支持渠道，综合运用多种政策工具支持相关产业发展，抢占未来科技创新、经济发展的制高点。

（一）财政支出政策支持战略性新兴产业发展需要处理好的几个关系

新中国成立以来，我国在发展核心技术和关键产业方面积累了丰富的经验，也取得了巨大的成效，在较短的时间内就建立了完整的产业基础和国民经济体系，为改革开放以来的现代化建设打下了良好的基础。改革开放以来，我国经济体制和市场运行环境发生了深刻变化，政府支持战略性新兴产业发展的方式和渠道也必须作出相应的调整。在当前的政策环境下，运用财税政策支持战略性新兴产业发展应遵循政府与市场相结合、针对性、综合性和可操作性等原则，大力支持发展战略性新兴产业，提高企业自主创新和经济持续增长能力。具体在财政支出政策的设计过程中需要处理几个方面的关系。一是总量与结构的关系。在努力增加财政科技支出总量规模的同时，高度关注财政资金的优化配置，形成合理的层次结构、学科结构、行业结构等，优化财政资源配置效率，切实发挥其在推动战略性新兴产业发展中的作用。二是供给与引导的关系。在市场经济条件下，企业投入应该成为产业发展投入的主体，政府财政支出应当着力于引导社会资金加大投入力度和解决特殊技术、关键环节障碍两个方向上，明确政府与市场的作用边界，协调处理好政府支持与企业投入、财政资金供给与引导社会投入之间的关系。三是公平与效率的关系。财政投入不仅要考虑发达地区和优势产业，也要考虑落后地区和弱势产业。特别是对于一些具有重大战略意义的新兴产业，加强政府投入与政策引导力度，促进加快形成产业规模。四是直接投入与间接支持的关系。应当直接投入和间接支持手段配合使用，鼓励技术创新的税收减免、加速折旧等间接政策手段的适用范围大，也可以产生明显的政策效果。财政直接投入作用直接，见效快，但覆盖范围非常有限。需要根据不同领域、行业的特点，选取合适的支持方式，增强财政支出政策的支持效果。五是集中与分散的关系。战略性新兴产业的发展，在推动科技创新与技术进步、建设创新型国家、保持经济社会持续健康发展具有特殊的重要意义，必须引起高度重视，集中力量予以大力支持。同时，也要充分考虑产业分配、地区分布等因素，合理分配资金投入，建立专门的科技经费管理、分配机制，加强财政支出政策的协调与管理。保证财政支出政策在多个领域、相关行业发挥出应有的作用。

（二）切实增强财政支出政策推动战略性新兴产业发展的实际效果

根据目前我国战略性新兴产业发展的基本现状，具体需要从以下几个方面切实增强财政支出政策的实际效果，促进加快相关产业和科技基础条件建设。

1. 进一步细化战略性新兴产业发展规划，明确财政支持重点领域和范围。

按照《国务院关于加快培育和发展战略性新兴产业的决定》要求，进一步细化具体规划编制、明确财政支持领域和范围。在国家制定出台战略性新兴产业发展规划的基础上，各相关部门、有关地方政府应结合国家规划制定具体产业发展和地方性发展规划，努力提高规划编制的科学性，强化规划的执行力和约束力。要加快推动制定标准体系，抓紧制定产业发展门槛和产品标准；结合实际工作基础，抓紧制定相关投入的支出标准体系，为有效实施财政支出政策奠定量化基础。根据各个行业的实际情况，进一步细化政府支持政策体系设计。根据战略性新兴产业发展的不同阶段，在不同的环节给予支持，提高财政支出政策的效率。比如，在研发阶段，应以财政无偿拨款为主；在产业化阶段，应主要采取奖励、贴息、担保方式，引导产业加快发展；在培育市场消费环节，应采取财政补贴、补助等方式，有效增强财政支出政策的实际效果。

2. 有效整合政府可支配资源，增强财政支出政策的针对性和实效性。

坚持公共财政"有所为有所不为"的基本原则，将财政资金投入到市场机制难以发挥作用的领域和环节。根据公共财政建设的要求，系统梳理现行政府支持科技创新、企业发展的财税政策措施，对于已经过时、不需要政府再进行投入的领域，政府主动退出、停止进行财政投入；对于市场机制能够发挥作用、战略性和带动力相对较弱的领域，放手让市场调节、弱化政府支持强度；在此基础上，根据战略性新兴产业的定位，对现行政策进行修改、补充和完善，在资金的分配上要整合资源，集中力量，突出重点，避免"撒胡椒面"式的低效投入。整合现有政策资源，统筹协调、突出重点，集中力量对战略性新兴产业发展重点领域和关键环节进行投入。建立稳定的财政投入增长机制，研究设立战略性新兴产业发展专项资金，增加中央财政的资金投入，抓住战略性新兴产业的关键领域和环节，着力支持重大产业创新发展工程、重大成果产业化示范、市场应用示范、创新能力建设和公共技术服务平台建设等。进一步发挥政府采购政策功能，强化政府采购政策功能服务经济建设和社会发展大局的作用。继续贯彻落实节能环保、自主创新、中小企业发展等政策，加大强制采购节能产品和优先购买环保产品的力度，严格政府采购进口产品的管理。加强政策实施的监督，跟踪政策实施情况，建立采购效果评价体系，保证政策规定落到实处。

3. 加强不同政策手段之间的协调配合，促进形成财政支出政策合力。

一是灵活选择财政支出政策手段。根据战略性新兴产业有关行业特点及发展阶段性特征，有针对性地采取财政贴息、创业风险投资、补助等多种方式，重点支持战略性新兴产业的薄弱环节。扩大政府新兴产业创业投资规模，利用创业风险投资方式，引导和带动社会资金流向战略性新兴产业领域，鼓励战略性新兴产业创新型企业发展。二是集中力量，突出重点。努力改变目前支持项目散、小、乱的局面，集中力量支持行业和企业发展中的关键、核心技术。在财政资金投入环节上，要尊重市场规律，将财政资金投入到市场机制难以发挥作用的领域和环节上，如在研发阶段，应以财政无偿拨款为主；在产业化阶段，应主要采取奖励、贴息、担保方式，引导产业加快发展；在培育市场消费环节，应采取财政补贴、补助等方式。三是加强政策联动。建立财政投入与税收、金融、价格等扶持政策协调一致的联动机制，要采取各类扶持政策的"组合拳"，避免财政政策资金"单打独斗"，切实提高政策资金的使用绩效。同时，鼓励企业和科研机构组成技术联盟，发挥专项资金的引导示范作用，解决产、学、研、用脱节的问题，形成科技与产业协调发展、互相促进的体制机制。四是建立中央和地方多级共同投入的体制机制。总体上，对于重大战略性新兴产业的财政支出资金来源，要尽量以中央财政负担为主，地方财政负担为辅，建立各个行业主管部门、企业和个人共同投入的机制。

4. 设立战略性新兴产业发展专项资金，推动相关产业加快发展。

整合现有资金渠道，设立战略性新兴产业发展专项资金，突出支持重点，集中力量解决制约战略性新兴产业发展的关键核心问题。建立完善专项资金运作模式，建立部门联席会议制度，形成部门合力。在此基础上，国家设立战略性新兴产业发展基金或引导基金，并根据不同产业特点分设若干子基金，将产业研发资金、科技成果转化资金、电子发展基金、集成电路研发资金合并，按照支持领域分设电子发展基金、新材料发展资金、新能源发展基金、海洋产业发展资金、生物产业发展资金、健康产业发展资金、工业设计发展资金、创意产业发展资金、中药材发展资金等子项。大幅度增加专项资金规模，推动科技成果转化，推动实现结构调整和发展方式转变。要求各省级政府也根据自身发展重点相应设立产业发展基金，专项用于国家级的战略性新兴产业的基础研究、技术研发、技术创新、科技成果产业化。中央设立相应的引导资金，并适当增加引导资金规模。重点支持新兴产业基地内的基础设施、重点项目、科研开发、公共服务平台和创新能力建设。

5. 加大土地供应、产业配套等方面的支持力度，有效推动产业合理布局。

在我国土地国有的制度背景下，土地供应也是政府间接投入的一个重要方式。而且合理的土地利用结构和产业（企业）选点布局，更有利于发挥产业集群优势和企业的带动作用，促进战略性新兴产业加速发展。新增建设用地指标主要用于新兴产业基地和新兴产业项目建设，对重大项目由省"点供"用地指标。支持标准化厂房、公共服务平台和孵化器建设，为新兴产业发展提供载体。另外，对落实国家和省有关企业自筹技术开发经费政策到位的企业，要从项目配套、证券发行、税收优惠、政策性贷款等方面全面给予支持；对用于企业技术改造和技术引进的经费，应明确一定数量的资金用于企业技术创新。同时，通过自愿组合或政府引导等方式，将同一行业内的部分科研机构与企业适当合并、转让，使科技开发和科技投入更具有市场针对性。

6. 完善财政资金管理机制，有效提高资金使用效率。

一是建立部门间沟通机制。建立由财政部牵头，发改委、科技部、工信部等有关部门参与的联席会议，确定专项资金支持的原则、方向和重点。同时，严格审查专项资金支持项目内容，防止资源浪费，提高整体支持效果。二是建立项目库制度。每年年底前完成支持项目的申报、评审工作，统一纳入项目库管理，次年预算批复后，即及时下达预算。

三是建立专项资金绩效考评制度。对重大项目设定绩效目标，并组织力量进行绩效考评。四是完善监督检查制度。充分发挥财政专员办等的力量，对专项资金支持的项目进行定期和不定期的监督检查，发现问题及时处理，切实增强财政支出政策的实际效果。

第七章

支持战略性新兴产业
发展的税收政策

税收政策是政府支持和引导战略性新兴产业的重要工具。总体而言，税收政策大致包括流转税、所得税和其他税收等政策手段，下面将分别从现行税收政策状况、存在的问题以及政策措施完善三个方面进行分析并提出建议。

一、我国现行支持战略性新兴产业发展的税收政策

为了引导企业进行产品结构调整，营造良好的创新环境，鼓励高科技企业及产品发展，引导企业加大技术研发投入，鼓励企业自主创新，我国在现行流转税、所得税和其他税收等税种中，已经制定了一些支持战略性新兴产业发展相关的税收政策。这些税收政策可分为支持所有战略性新兴产业的一般税收政策和针对单个战略性新兴产业的专门税收政策两个方面。

（一）支持战略性新兴产业发展的一般税收政策

1. 流转税政策。

（1）《财政部　国家税务总局关于贯彻落实〈中共中央　国务院关于加强技术创新，发展高科技，实现产业化的决定〉有关税收问题的通知》（财税字［1999］273 号）规定，对单位和个人从事技术转让、技术开发业务和与之相关的技术咨询、技术服务业务取得的收入，免征营业税。

（2）《财政部　国家税务总局　商务部　科技部　国家发展改革委

关于技术先进型服务企业有关税收政策问题的通知》（财税〔2009〕63号）规定，自 2009 年 7 月 1 日起至 2013 年 12 月 31 日止，对北京、天津、上海、重庆、大连、深圳、广州、武汉、哈尔滨、成都、南京、西安、济南、杭州、合肥、南昌、长沙、大庆、苏州、无锡等 20 个中国服务外包示范城市经认定的技术先进型服务企业从事离岸服务外包业务取得的收入免征营业税。

（3）《财政部　国家税务总局关于国家大学科技园有关税收政策问题的通知》（财税〔2007〕120 号）规定，自 2008 年 1 月 1 日至 2010 年 12 月 31 日，对符合条件的国家大学科技园向孵化企业出租场地、房屋以及提供孵化服务的收入，免征营业税。

（4）《财政部　国家税务总局关于科技企业孵化器有关税收政策问题的通知》（财税〔2007〕121 号）规定，自 2008 年 1 月 1 日至 2010 年 12 月 31 日，对符合条件的科技企业孵化器向孵化企业出租场地、房屋以及提供孵化服务的收入，免征营业税。

2. 所得税政策。

为引导企业加大技术研发投入，鼓励企业自主创新，企业所得税法和个人所得税法规定：

（1）企业为开发新技术、新产品、新工艺发生的研究开发费用，未形成无形资产计入当期损益的，在按照规定据实扣除的基础上，按照研究开发费用的 50% 加计扣除；形成无形资产的，按照无形资产成本的 150% 摊销。

（2）对国家重点扶持的高新技术企业，减按 15% 的税率缴纳企业所得税。产品（服务）属于《国家重点支持的高新技术领域》规定的范围是被认定为高新技术企业的重要条件之一。战略性新兴产业大多属于《国家重点支持的高新技术领域》范围，因此符合条件并被认定为高新技术企业的战略性新兴产业企业，可以享受 15% 的低税率优惠。

（3）一个纳税年度内，居民企业技术转让所得不超过 500 万元的部分，免征企业所得税；超过 500 万元的部分，减半征收企业所得税。

（4）创业投资企业采取股权投资方式投资于未上市的中小高新技术企业 2 年以上的，可以按照其投资额的 70% 在股权持有满 2 年的当年抵扣该创业投资企业的应纳税所得额；当年不足抵扣的，可以在以后纳税年度结转抵扣。

（5）企业由于技术进步，产品更新换代较快的固定资产，以及常年处于强震动、高腐蚀状态的固定资产，确需加速折旧的，可以缩短折旧年限或者采取加速折旧的方法。

（6）支持技术先进型服务企业的所得税政策。《财政部　国家税务总局　商务部　科技部　国家发展改革委关于技术先进型服务企业有关税收政策问题的通知》（财税〔2009〕63号）规定，自2009年7月1日起至2013年12月31日止，对北京、天津、上海、重庆、大连、深圳、广州、武汉、哈尔滨、成都、南京、西安、济南、杭州、合肥、南昌、长沙、大庆、苏州、无锡等20个中国服务外包示范城市，对在上述20个城市经认定的技术先进型服务企业实行以下政策：

a. 对经认定的技术先进型服务企业，减按15%的税率征收企业所得税。

b. 对经认定的技术先进型服务企业，其发生的职工教育经费按不超过企业工资总额8%的比例据实在企业所得税税前扣除；超过部分，准予在以后纳税年度结转扣除。

（7）个人所得税法规定，个人取得的省级人民政府、国务院部委和中国人民解放军军以上单位，以及外国组织、国际组织颁发的科学、教育、技术、文化、卫生、体育、环境保护等方面的奖金，免纳个人所得税。

（8）《财政部　国家税务总局关于促进科技成果转化有关税收政策的通知》（财税字〔1999〕45号）规定，科研机构、高等学校转化职务科技成果以股份或出资比例等股权形式给予个人奖励，获奖人在取得股份、出资比例时，暂不缴纳个人所得税；取得按股份、出资比例分红或转让股权、出资比例所得时，应依法缴纳个人所得税。

3. 其他税收政策。

（1）根据《财政部　国家税务总局关于国家大学科技园有关税收政策问题的通知》（财税〔2007〕120号）和《财政部　国家税务总局关于科技企业孵化器有关税收政策问题的通知》（财税〔2007〕121号）的规定，经国家认定的高新技术创业服务中心、大学科技园、软件园、留学生创业园等科技企业孵化器，自认定之日起，暂免征房产税和城镇土地使用税。

（2）对事业单位、社会团体承受土地、房屋用于科研的，免征契税。根据《中华人民共和国契税暂行条例》规定，国家机关、事业单位、社会团体、军事单位承受土地、房屋用于办公、教学、医疗、科研和军事设施的，免征契税。

表 7 – 1　　　　　现行支持战略性新兴产业发展的一般税收政策

政策类型	政策内容	法律依据
营业税政策	对单位和个人从事技术转让、技术开发业务和与之相关的技术咨询、技术服务业务取得的收入，免征营业税。	《财政部　国家税务总局关于贯彻落实〈中共中央　国务院关于加强技术创新，发展高科技，实现产业化的决定〉有关税收问题的通知》（财税字〔1999〕273号）
	自2009年7月1日起至2013年12月31日止，对北京、天津、上海、重庆、大连、深圳、广州、武汉、哈尔滨、成都、南京、西安、济南、杭州、合肥、南昌、长沙、大庆、苏州、无锡等20个中国服务外包示范城市经认定的技术先进型服务企业从事离岸服务外包业务取得的收入免征营业税。	《财政部　国家税务总局　商务部　科技部　国家发展改革委关于技术先进型服务企业有关税收政策问题的通知》（财税〔2009〕63号）
	自2008年1月1日至2010年12月31日，对符合条件的国家大学科技园向孵化企业出租场地、房屋以及提供孵化服务的收入，免征营业税。	《财政部　国家税务总局关于国家大学科技园有关税收政策问题的通知》（财税〔2007〕120号）
	自2008年1月1日至2010年12月31日，对符合条件的科技企业孵化器向孵化企业出租场地、房屋以及提供孵化服务的收入，免征营业税。	《财政部　国家税务总局关于科技企业孵化器有关税收政策问题的通知》（财税〔2007〕121号）
企业所得税政策	企业为开发新技术、新产品、新工艺发生的研究开发费用，未形成无形资产计入当期损益的，在按照规定据实扣除的基础上，按照研究开发费用的50%加计扣除；形成无形资产的，按照无形资产成本的150%摊销。	《企业所得税法》；《企业所得税法实施条例》
	对国家重点扶持的高新技术企业，减按15%的税率缴纳企业所得税。产品（服务）属于《国家重点支持的高新技术领域》规定的范围是被认定为高新技术企业的重要条件之一。战略性新兴产业大多属于《国家重点支持的高新技术领域》范围，因此符合条件并被认定为高新技术企业的战略性新兴产业企业，可以享受15%的低税率优惠。	《企业所得税法》；《企业所得税法实施条例》

续表

政策类型	政策内容	法律依据
企业所得税政策	一个纳税年度内，居民企业技术转让所得不超过 500 万元的部分，免征企业所得税；超过 500 万元的部分，减半征收企业所得税。	《企业所得税法》；《企业所得税法实施条例》
	创业投资企业采取股权投资方式投资于未上市的中小高新技术企业 2 年以上的，可以按照其投资额的 70% 在股权持有满 2 年的当年抵扣该创业投资企业的应纳税所得额；当年不足抵扣的，可以在以后纳税年度结转抵扣。	《企业所得税法》；《企业所得税法实施条例》
	企业由于技术进步，产品更新换代较快的固定资产，以及常年处于强震动、高腐蚀状态的固定资产，确需加速折旧的，可以缩短折旧年限或者采取加速折旧的方法。	《企业所得税法》；《企业所得税法实施条例》
	自 2009 年 7 月 1 日起至 2013 年 12 月 31 日止，对北京、天津、上海、重庆、大连、深圳、广州、武汉、哈尔滨、成都、南京、西安、济南、杭州、合肥、南昌、长沙、大庆、苏州、无锡等 20 个中国服务外包示范城市，对在上述 20 个城市经认定的技术先进型服务企业实行以下政策： (1) 减按 15% 的税率征收企业所得税； (2) 发生的职工教育经费按不超过企业工资总额 8% 的比例据实在企业所得税税前扣除；超过部分，准予在以后纳税年度结转扣除。	《财政部　国家税务总局　商务部　科技部　国家发展改革委关于技术先进型服务企业有关税收政策问题的通知》（财税〔2009〕63 号）
个人所得税政策	个人取得的省级人民政府、国务院部委和中国人民解放军军以上单位，以及外国组织、国际组织颁发的科学、教育、技术、文化、卫生、体育、环境保护等方面的奖金，免纳个人所得税。	《个人所得税法》
	科研机构、高等学校转化职务科技成果以股份或出资比例等股权形式给予个人奖励，获奖人在取得股份、出资比例时，暂不缴纳个人所得税；取得按股份、出资比例分红或转让股权、出资比例所得时，应依法缴纳个人所得税。	《财政部、国家税务总局关于促进科技成果转化有关税收政策的通知》（财税字〔1999〕45 号）

政策类型	政 策 内 容	法 律 依 据
城镇土地使用税和房产税政策	经国家认定的高新技术创业服务中心、大学科技园、软件园、留学生创业园等科技企业孵化器，自认定之日起，暂免征房产税和城镇土地使用税。	《财政部 国家税务总局关于国家大学科技园有关税收政策问题的通知》（财税〔2007〕120号）；《财政部国家税务总局关于科技企业孵化器有关税收政策问题的通知》（财税〔2007〕121号）
契税政策	对事业单位、社会团体承受土地、房屋用于科研的，免征契税；国家机关、事业单位、社会团体、军事单位承受土地、房屋用于办公、教学、医疗、科研和军事设施的，免征契税。	《契税暂行条例》

（二）支持战略性新兴产业发展的专门税收政策

1. 节能环保产业。

（1）《加快推行合同能源管理促进节能服务产业发展的意见》（国办发〔2010〕25号）规定，对节能服务公司实施合同能源管理项目，取得的营业税应税收入，暂免征收营业税，对其无偿转让给用能单位的因实施合同能源管理项目形成的资产，免征增值税。

（2）企业购置并实际使用《节能节水专用设备企业所得税优惠目录》规定的节能节水专用设备的，该专用设备的投资额的10%可以从企业当年的应纳税额中抵免，当年不足抵免的，可以在以后5个纳税年度结转抵免；企业从事节能减排技术改造等符合条件的节能节水项目的所得，自项目取得第一笔生产经营收入所属纳税年度起，享受企业所得税三免三减半优惠。

（3）《财政部、国家税务总局关于中国清洁发展机制基金及清洁发展机制项目实施企业有关企业所得税政策问题的通知》（财税〔2009〕30号）规定，企业实施清洁发展机制项目可以享受减免企业所得税优惠：

a. 中国清洁发展机制基金（以下简称清洁基金）取得的下列收入免征企业所得税：清洁发展机制项目（以下简称CDM项目）温室气体减排量转让收入上缴国家的部分，国际金融组织赠款收入，清洁基金资金存款利息收入，购买国债利息收入，国内外机构、组织和个人的捐赠收入。

b. CDM项目实施企业按照国家发展和改革委员会等部门制定的

《清洁发展机制项目运行管理办法》将温室气体减排量的转让收入按照以下比例上缴国家的部分，可以在计算应纳税所得额的时候扣除：氢氟碳化物（HFC）和全氟碳化物（PFC）类项目，为温室气体减排量转让收入的65%；氧化亚氮（N_2O）类项目，为温室气体减排量转让收入的30%；《清洁发展机制项目运行管理办法》第四条规定的重点领域和植树造林项目等类清洁发展机制项目，为温室气体减排量转让收入的2%。

c. 企业实施的将温室气体减排量转让收入的65%上缴国家的HFC和PFC类CDM项目，将温室气体减排量转让收入的30%上缴国家的N_2O类CDM项目，其实施该类CDM项目的所得，自项目取得第一笔减排量转让收入所属纳税年度起，第一年至第三年免征企业所得税，第四年至第六年减半征收企业所得税。

2. 新一代信息技术产业。

（1）《财政部　国家税务总局　海关总署关于鼓励软件产业和集成电路产业发展有关税收政策问题的通知》（财税〔2000〕25号）规定，自2000年6月24日起至2010年底以前，对增值税一般纳税人销售其自行开发生产的软件产品，按17%的法定税率征收增值税后，对其增值税实际税负超过3%的部分实行即征即退政策。增值税一般纳税人将进口的软件进行转换等本地化改造后对外销售，其销售的软件可按照自行开发生产的软件产品的有关规定享受即征即退政策。

（2）鼓励软件和集成电路产业发展的企业所得税政策：

a. 我国境内新办软件生产企业经认定后，自获利年度起，第一年和第二年免征企业所得税，第三年至第五年减半征收企业所得税。

b. 国家规划布局内的重点软件生产企业，如当年未享受免税优惠的，减按10%的税率征收企业所得税。

c. 软件生产企业的职工培训费用，可按实际发生额在计算应纳税所得额时扣除。

d. 集成电路设计企业视同软件企业，享受上述软件企业的有关企业所得税政策。

e. 投资额超过80亿元人民币或集成电路线宽小于0.25微米的集成电路生产企业，可以减按15%的税率缴纳企业所得税，其中，经营期在15年以上的，从开始获利的年度起，第一年至第五年免征企业所得税，第六年至第十年减半征收企业所得税。

f. 对生产线宽小于 0.8 微米（含）集成电路产品的生产企业，经认定后，自获利年度起，第一年和第二年免征企业所得税，第三年至第五年减半征收企业所得税。

3. 生物产业。

《财政部　国家税务总局关于部分货物适用增值税税率和简易办法征收增值税政策的通知》（财税〔2009〕9 号）规定，对一般纳税人销售自产的用微生物、微生物代谢产品、动物毒素、人或动物的血液或组织制成的生物制品，可选择按照简易办法依照 6% 征收率计算缴纳增值税，但不得抵扣进项税。

4. 高端装备制造产业。

（1）《财政部　国家税务总局关于对外发射服务有关增值税和营业税政策的通知》（财税〔2009〕144 号）规定，自 2009 年 1 月 1 日至 2010 年 12 月 31 日，对文件列名的单位销售自产的用于对外发射业务的卫星、火箭及其零部件免征增值税，文件列名的单位为对外发射业务提供的设计、试验、检测、发射、测控劳务免征营业税。

（2）对航空、航天、船舶工业总公司所属的军品科研生产用厂房、车间、仓库等建筑物用地和周围的专属用地，及其相应的供水、供电、供气、供暖、供煤、供油、专用公路、专用铁路等附属设施用地，免征城镇土地使用税；对满足军工产品性能实验所需的靶场、试验场、危险品销毁场用地及因防爆等安全要求所需的安全距离用地，免征城镇土地使用税；对科研生产中军品、民品共用无法分清的，按军品销售额占销售总额的比例，相应减征城镇土地使用税（财税字〔1995〕27 号）。

5. 新能源产业。

（1）为进一步推动资源综合利用工作，促进节能减排，《财政部　国家税务总局关于资源综合利用及其他产品增值税政策的通知》（财税〔2008〕156 号）规定，对利用垃圾生产的电力和热力实行增值税即征即退政策；对利用风力生产的电力产品实现的增值税实行即征即退 50% 的优惠政策。

（2）对企业从事国家重点扶持的公共基础设施项目投资经营的所得，可享受自项目取得第一笔生产经营收入所属年度起，企业所得税"三免三减半"优惠。经国务院批准，财政部、国家税务总局、发改委于 2008 年联合下发财税〔2008〕116 号文件公布《公共基础设施项目企业所得税优惠目录（2008 年版）》，该目录中包括风力发电、海洋能发电、太阳能发电、地热发电等可再生能源发电项目，符合目录规定条件的企业可享受"三免三减半"优惠。

表 7－2　　　　　　现行支持战略性新兴产业发展的专门税收政策

行业	政 策 内 容	法 律 依 据
节能环保产业	对节能服务公司实施合同能源管理项目，其无偿转让给用能单位的因实施合同能源管理项目形成的资产，免征增值税。	《加快推行合同能源管理　促进节能服务产业发展的意见》（国办发［2010］25 号）
	对节能服务公司实施合同能源管理项目，取得的营业税应税收入，暂免征收营业税。	《加快推行合同能源管理　促进节能服务产业发展的意见》（国办发［2010］25 号）
	企业购置并实际使用《节能节水专用设备企业所得税优惠目录》规定的节能节水专用设备的，该专用设备的投资额的 10% 可以从企业当年的应纳税额中抵免，当年不足抵免的，可以在以后 5 个纳税年度结转抵免；企业从事节能减排技术改造等符合条件的节能节水项目的所得，自项目取得第一笔生产经营收入所属纳税年度起，享受企业所得税三免三减半优惠。	《企业所得税法》；《企业所得税法实施条例》
	（1）中国清洁发展机制基金（以下简称清洁基金）取得的下列收入免征企业所得税：清洁发展机制项目（以下简称 CDM 项目）温室气体减排量转让收入上缴国家的部分，国际金融组织赠款收入，清洁基金资金存款利息收入，购买国债利息收入，国内外机构、组织和个人的捐赠收入；（2）CDM 项目实施企业按照国家发展和改革委员会等部门制定的《清洁发展机制项目运行管理办法》将温室气体减排量的转让收入按照以下比例上缴国家的部分，可以在计算应纳税所得额的时候扣除：氢氟碳化物（HFC）和全氟碳化物（PFC）类项目，为温室气体减排量转让收入的 65%；氧化亚氮（N_2O）类项目，为温室气体减排量转让收入的 30%；《清洁发展机制项目运行管理办法》第四条规定的重点领域和植树造林项目等类清洁发展机制项目，为温室气体减排量转让收入的 2%；（3）企业实施的将温室气体减排量转让收入的 65% 上缴国家的 HFC 和 PFC 类 CDM 项目，将温室气体减排量转让收入的 30% 上缴国家的 N_2O 类 CDM 项目，其实施该类 CDM 项目的所得，自项目取得第一笔减排量转让收入所属纳税年度起，第一年至第三年免征企业所得税，第四年至第六年减半征收企业所得税。	《财政部、国家税务总局关于中国清洁发展机制基金及清洁发展机制项目实施企业有关企业所得税政策问题的通知》（财税［2009］30 号）

续表

行业	政　策　内　容	法　律　依　据
新一代信息技术产业	自 2000 年 6 月 24 日起至 2010 年底以前，对增值税一般纳税人销售其自行开发生产的软件产品，按 17% 的法定税率征收增值税后，对其增值税实际税负超过 3% 的部分实行即征即退政策。增值税一般纳税人将进口的软件进行转换等本地化改造后对外销售，其销售的软件可按照自行开发生产的软件产品的有关规定享受即征即退政策。	《财政部　国家税务总局海关总署关于鼓励软件产业和集成电路产业发展有关税收政策问题的通知》（财税〔2000〕25 号）
	(1) 我国境内新办软件生产企业经认定后，自获利年度起，第一年和第二年免征企业所得税，第三年至第五年减半征收企业所得税；(2) 国家规划布局内的重点软件生产企业，如当年未享受免税优惠的，减按 10% 的税率征收企业所得税；(3) 软件生产企业的职工培训费用，可按实际发生额在计算应纳税所得额时扣除；(4) 集成电路设计企业视同软件企业，享受上述软件企业的有关企业所得税政策；(5) 投资额超过 80 亿元人民币或集成电路线宽小于 0.25 微米的集成电路生产企业，可以减按 15% 的税率缴纳企业所得税，其中，经营期在 15 年以上的，从开始获利的年度起，第一年至第五年免征企业所得税，第六年至第十年减半征收企业所得税；(6) 对生产线宽小于 0.8 微米（含）集成电路产品的生产企业，经认定后，自获利年度起，第一年和第二年免征企业所得税，第三年至第五年减半征收企业所得税。	《财政部　国家税务总局关于企业所得税若干优惠政策的通知》（财税〔2008〕1 号）
生物产业	对一般纳税人销售自产的用微生物、微生物代谢产品、动物毒素、人或动物的血液或组织制成的生物制品，可选择按照简易办法依照 6% 征收率计算缴纳增值税，但不得抵扣进项税。	《财政部　国家税务总局关于部分货物适用增值税税率和简易办法征收增值税政策的通知》（财税〔2009〕9 号）
高端装备制造产业	自 2009 年 1 月 1 日至 2010 年 12 月 31 日，对文件列名的单位销售自产的用于对外发射业务的卫星、火箭及其零部件免征增值税。	《财政部　国家税务总局关于对外发射服务有关增值税和营业税政策的通知》（财税〔2009〕144 号）
	自 2009 年 1 月 1 日至 2010 年 12 月 31 日，对文件列名的单位为对外发射业务提供的设计、试验、检测、发射、测控劳务免征营业税。	《财政部　国家税务总局关于对外发射服务有关增值税和营业税政策的通知》（财税〔2009〕144 号）

续表

行业	政策内容	法律依据
高端装备制造产业	对航空、航天、船舶工业总公司所属的军品科研生产用厂房、车间、仓库等建筑物用地和周围的专属用地，及其相应的供水、供电、供气、供暖、供煤、供油、专用公路、专用铁路等附属设施用地，免征城镇土地使用税；对满足军工产品性能实验所需的靶场、试验场、危险品销毁场用地及因防爆等安全要求所需安全距离用地，免征城镇土地使用税；对科研生产中军品、民品共用无法分清的，按军品销售额占销售总额的比例，相应减征城镇土地使用税。	《关于对中国航空、航天、船舶工业总公司所属军工企业免征土地使用税的若干规定的通知》（财税字〔1995〕27号）
新能源产业	对利用垃圾生产的电力和热力实行增值税即征即退政策；对利用风力生产的电力产品实现的增值税实行即征即退50%的优惠政策。	《财政部 国家税务总局关于资源综合利用及其他产品增值税政策的通知》（财税〔2008〕156号）
	对企业从事国家重点扶持的公共基础设施项目（包括风力发电、海洋能发电、太阳能发电、地热发电等可再生能源发电项目）投资经营的所得，可享受自项目取得第一笔生产经营收入所属年度起，企业所得税"三免三减半"优惠。	《企业所得税法》；《企业所得税法实施条例》
新能源汽车产业	对包括混合动力汽车、太阳能电池、高端成套设备等在内的新兴产业产品给予了17%的全额退税；将电子工业用直径大于等于30厘米的单晶硅棒、有衬背的精炼铜制印刷电路用覆铜板等新能源、新材料产品的出口退税率提高至17%。	
新材料产业	无	无

6. 新能源汽车产业。

我国在出口退税政策上一直鼓励高科技、高附加值产品出口，对包括混合动力汽车、太阳能电池、高端成套设备等在内的新兴产业产品给予了17%的全额退税。2008年以来，为应对金融危机，我国7次提高了出口退税率，其中，将电子工业用直径大于等于30厘米的单晶硅棒、有衬背的精炼铜制印刷电路用覆铜板等新能源、新材料产品的出口退税率提高至17%。

二、现行税收政策在培育战略性新兴产业方面存在的问题和不足

（一）目前支持战略性新兴产业的税收政策覆盖面较窄

虽然国家目前已经出台了不少与战略性新兴产业发展相关的税收政

策，但覆盖范围仅限于新能源和可再生能源（如风能）、节能环保、生物制药、集成电路、软件企业、航天航空等新兴行业，以及高科技产业、科技研发和转让方面。按照最新的规定，战略性新兴产业所包括的7大产业中的先进节能、新型环保、循环经济，新一代核能、太阳能、风能、生物质能，混合动力汽车、纯电动汽车，下一代通信网络、物联网、"三网融合"、新型平板显示，生物医药、生物育种、生物制造，航空航天、海洋工程装备、高端智能及基础装备、先进医疗设备，高性能结构材料和功能材料等诸多领域，而现行鼓励战略性新兴产业的税收政策范围尚不能覆盖这些新兴领域，有必要对未能获得税收政策支持的战略性新兴产业及相关领域制定新的税收优惠政策，加强政府引导与支持力度。

（二）现行支持战略性新兴产业发展的税收政策缺乏针对性

现行税收支持政策除了不能覆盖所有的战略性新兴产业领域外，另一个主要问题是没有考虑战略性新兴产业的各个特点，政策措施的针对性和有效性还比较欠缺。战略性新兴产业存在着科技含量高、技术前瞻性和产业先导性强等特点，并且在不同的发展阶段需要不同的政策支持，这些因素在现行税收政策中未能得到充分体现。如果不考虑这些因素进行政策设计，必然会导致税收政策不能满足战略性新兴产业的发展需要。以企业所得税为例，现行有关高新技术企业的优惠税率、高新技术企业的认定办法、研究开发费用加计扣除办法、其他费用扣除以及优惠目录等都需要根据战略性新兴产业的特点进行修订和完善。

（三）现行支持战略性新兴产业发展的税收政策缺乏系统性

现行与战略性新兴产业相关的税收政策，是在系统地提出发展战略性新兴产业的国家战略之前制定的，其中部分税收政策只是从科技进步和自主创新的角度提出，有的税收政策只面向单个的新兴行业，而不是根据战略性新兴产业的整体需要来进行设计，导致现行鼓励战略性新兴产业发展的税收政策较为分散，缺乏系统性和科学性，不能够形成支持战略性新兴产业发展的合力，满足鼓励战略性新兴产业发展的整体需要。

（四）支持战略性新兴产业发展的税收政策的配套措施有待进一步完善

一些税收政策在具体规定和配套措施上存在着不合理之处，有的由于各种原因缺乏可操作性。例如，现行高新技术企业的认定标准要求企业必须对其主要产品（服务）的核心技术拥有自主知识产权，并且以此为基础开展经营活动，而新兴产业一般处于产业生命周期的萌芽期，大部分企业还处于创业和研发阶段，难以满足上述要求。再如，现行企业所得税税收优惠过渡政策规定的减免税期基本是从企业开办之日起，或者取得第一笔生产经营收入年度计算两免三减半。而新兴行业在创业初期很少有收益，并且创业初期的时间比较上，实际享受不到优惠的好处。此外，现行企业所得税规定对企业开发新技术、新产品、新工艺发生的研究开发费用加计扣除，但对于研发费用的具体构成内容和认定管理没有进行具体明确，实际操作当中往往无所适从。

三、进一步完善支持战略性新兴产业
发展税收政策的具体建议

根据新形势新任务，完善支持战略性新兴产业发展税收政策的总体思路是：在全面落实现行促进科技投入和科技成果转化、支持高技术产业发展等方面税收政策的基础上，结合税制改革方向和税种特征，针对战略性新兴产业人力资本投入、研发费用比例较高、产品发展初期进入市场难度较大等特点，从激励自主创新、引导消费、鼓励发展新型业态等多个角度，研究完善流转税、所得税、消费税、营业税等支持政策。并针对每个产业、不同发展阶段的具体特征，形成引导和激励社会资源支持战略性新兴产业发展的政策手段。

（一）支持战略性新兴产业发展的流转税政策

根据战略性新兴产业行业和产品的不同特点，研究制定相应的流转税支持政策。具体包括：

1. 增值税政策。

　　主要是考虑战略性新兴产业和产品的特点，设置合理的税负水平。在现行增值税制度下，对于部分缺乏进项税抵扣的行业和产品，如软件业，会导致行业的增值税税负增加。为了解决这个问题，现行增值税对软件产品采取了增值税实际税负超过 3% 的部分实行即征即退政策。下一步，对于战略性新兴产业中因为自身特点而导致增值税税负增加的一些行业和产品，应该在合理测算行业和产品税负的基础上，参照软件产品的做法设计相应的增值税超税负部分即征即退政策。同时，还需要在有利于战略性新兴产业发展的一些领域进一步完善增值税政策。例如，根据《加快推行合同能源管理　促进节能服务产业发展的意见》（国办发〔2010〕25 号）规定，对节能服务公司实施合同能源管理项目，其无偿转让给用能单位的因实施合同能源管理项目形成的资产，免征增值税。需要根据节能服务公司的实际运行进一步对完善相关配套规定和措施。

　　2. 营业税政策。

　　从近期看，可以对涉及战略性新兴产业的相关营业税政策进行调整和完善。主要包括：一是研究可再生能源（地热能、太阳能）在节能建筑领域的应用推广的营业税优惠政策。可以考虑对节能建筑中应用推广可再生能源给予一定的营业税优惠。二是完善支持合同能源管理的营业税政策。根据现行规定，对节能服务公司实施合同能源管理项目，取得的营业税应税收入暂免征收营业税。对节能服务公司和合同能源管理项目等方面制定相应的配套规定和措施，使其真正可以操作。三是研究碳交易营业税优惠政策。清洁发展机制（CDM）项目是清洁发展机制是发达国家缔约方为实现其部分温室气体减排义务与发展中国家缔约方进行项目合作的机制，目前国内对企业实施 CDM 项目给予了企业所得税优惠政策，其还需要根据实际运行情况进行完善。同时，在国内推行碳排放权交易也是实现碳减排的一个重要经济手段，有必要根据其发展情况积极研究有关国内碳交易的营业税优惠政策，促进其发展。从长期看，现行征收营业税的行业和劳务应该逐步纳入到增值税的征税范围，从而促使行业间的税负公平和弥补增值税的抵扣链条断裂等缺陷。

　　3. 消费税政策。

　　与战略性新兴产业相关的消费税政策主要涉及到能源方面，在我国将柴油、汽油之外的成品油纳入到消费税征税范围并提高成品油单位税额后，有必要根据成品油的实际情况完善相关消费税政策。具体来说：

一是制定以燃料油为原料生产乙烯、芳烃类化工产品的政策。根据现行规定，在 2009 年 1 月 1 日至 2010 年 12 月 31 日期间，对国产的用作乙烯、芳烃类产品原料的石脑油给予免征消费税政策，对进口的用作乙烯、芳烃类产品原料的石脑油已缴纳的消费税予以返还。该政策还属于临时性政策，有必要加以完善和规范化。二是研究生物柴油的消费税政策。现行对生物柴油的消费税政策规定，对外购或委托加工收回的柴油用于连续生产生物柴油，准予从消费税应纳税额中扣除原料已纳的消费税税款。除了给予抵扣政策外，还可以考虑对生物柴油的消费税给予低税率。

4. 出口退税政策。

结合我国经济社会形势的发展变化情况和战略性新兴产业发展的需要，进一步完善出口退税政策。继续实行对"两高一资"产品取消出口退税和实行低退税率的政策，根据战略性新兴产业的具体行业和领域的发展情况，给予17%的退税率，增强其产业竞争力。

（二）支持战略性新兴产业发展的所得税政策

根据战略性新兴产业特点，完善和健全支持战略性新兴产业发展的所得税优惠政策。

1. 完善战略性新兴产业企业的认定标准。

与高新技术企业的企业所得税优惠政策一样，对战略性新兴产业企业设置企业所得税优惠的关键也在于对战略性新兴产业企业认定标准的确定，以保证真正需要支持的战略性新兴产业企业能够获得优惠，同时将其他不需要支持的企业排除在外。为了能够使战略性新兴产业企业能够获得现行高新技术企业的企业所得税优惠政策，应该在高新技术企业认定管理办法试点取得成效的基础上，完善对战略性新兴产业企业进行高新技术企业认定的有关条件和规定。

2. 完善战略性新兴产业企业的费用扣除等规定。

给予企业研究开发费用的加计扣除和职工培训费用的扣除政策，是促进技术进步和自主创新的重要企业所得税优惠政策。为了促进战略性新兴产业的发展，一是在研究开发费用加计扣除办法试点取得成效的基础上，完善对战略性新兴产业企业的研究开发费用加计扣除范围和程序。二是结合战略性新兴产业情况，研究完善职工培训费用扣除相关政策。

3. 修订有关企业所得税优惠目录。

现行企业所得税在公共基础设施项目、环境保护和节能节水项目、资源综合利用、环境保护专用设备、节能节水专用设备的优惠都是通过制定相关优惠目录的方式进行操作，为了使战略性新兴产业也能够享受上述相关优惠政策，应该结合战略性新兴产业定位等情况，研究修订有关企业所得税优惠目录。

（三）支持战略性新兴产业发展的其他税收政策

根据战略性新兴产业和产品特点，通过完善地方税政策，为战略性新兴产业发展提供良好的税收环境。具体包括：

1. 研究开征环境税。

从战略性新兴产业的领域来看，其一方面直接包括节能环保产业，另一方面也都不属于高耗能、高污染产业，因此，通过加大对高能耗和高污染产业的税负来约束其发展，可以相对促进战略性新兴产业的发展。对此，可以通过开征环境税来达到目的。

环境税的具体制度内容包括：一是征税范围应包括废气、废水等污染物和二氧化碳的排放。一方面对废气、废水、固体废物等我国现行污染防治的重点进行调节，另一方面通过税收对影响全球气候变化的二氧化碳排放进行调节。二是根据征管需要设计计税依据。对于可以直接获得排放量的污染物，可采用实际排放量；对于不能直接获得排放量的污染物和二氧化碳，可以采用估算排放量。三是合理设计税率水平。环境税的税率水平应最大限度地反映污染物和二氧化碳减排的边际成本，考虑对宏观经济和产业竞争力的影响，需要采取分次、逐步提高的办法，以增强其可接受程度。

2. 研究鼓励节能、新能源汽车发展的税收政策。

鼓励节能和新能源汽车的发展，也是战略性新兴产业的重要内容之一。鼓励节能、新能源汽车发展的地方税政策主要是车船税。相对于机动车消费税和车辆购置税来看，现行车船税存在的主要问题是缺乏对节能减排的调控。为此，一是应该调节车船税的计税依据，选择排气量作为计税依据（对于载重汽车和船舶也可以采用重量作为计税依据），从而可以根据车船的耗能情况进行区别对待。二是提高税负和实行差别税率。机动车是能源的消耗大户，也是重要的污染源，提高税负有利于增强节能环保的功能。同时，为了体现车船税的调节作用，有必要在税率上进行区别对待。即根据排气量和重量大小设计差别税率，对低排气量和低重量的车船实行低税率，而对大排气量和超重的车船从高适用税率。三是为了配合车船税的改革，还可以对属于购置环节的车辆购置税税率进行调整，主要是对于各类低排量和新能源车辆给予税收优惠。

第八章

引导社会各方资源，支持
战略性新兴产业发展

　　财税政策作为政府宏观调控的重要手段，一直都是支持产业发展的重要政策工具，战略性新兴产业的发展同样离不开财税政策的支持。过去10多年，财税政策在支持新能源、新材料、节能环保、生物医药、信息网络等高新技术产业发展过程中已经发挥了重要作用。在未来战略性新兴产业的发展中，财税政策还将通过形式多样的直接投入和税收优惠政策措施，促使战略性新兴产业在某些领域迅速突破、形成新的经济增长点，使战略性新兴产业尽早成为国民经济的先导产业和支柱产业。同时，还应该看到，支持战略性新兴产业发展是一项系统工程，需要在实施符合战略性新兴产业发展的各项财税政策的同时，协调各方面的关系，引导社会各方资源合理、有序地投入，形成支持战略性新兴产业发展的巨大合力。

　　在这一过程中需要着力做好三方面的工作：一是需要加强财税政策与其他相关宏观和微观管理政策的协调配合，共同营造适合战略性新兴产业发展的良好政策环境；二是在合理界定中央政府与地方政府职责的基础上，充分发挥中央政府与各级地方政府的积极性，促进支持战略性新兴产业发展的各项政策措施落到实处；三是要通过财税政策的有效激励与引导，建立和完善政府与民间资本的合作共赢机制，引导更多民间资源投入战略性新兴产业。

一、加强财税政策与其他政策配套协调，
合力推动战略性新兴产业发展

　　虽然在促进战略性新兴产业发展过程中，财税政策可以起到不可替

代的独特作用。但同时也要看到，促进战略性新兴产业的发展是"加大经济结构调整力度，提高经济发展质量和效益"的重要内容，涉及经济、社会生活的方方面面。因此，在强化财税政策支持力度的同时，还要协调政府各部门之间的关系，创新体制机制，改善制约战略性新兴产业发展的各项政策环境，加快出台产业、金融、投资、科技以及人才等相关配套政策，形成推动战略性新兴产业发展的政策合力。

（一）加强与产业政策的协调配合

温家宝总理在 2010 年政府工作报告中指出："发展战略性新兴产业，抢占经济科技制高点，决定国家的未来，必须抓住机遇，明确重点，有所作为。"从现实情况考量，我国发展战略性新兴产业，首先要明确产业的内容和发展的重点，坚持有所为有所不为，选择若干重点领域作为突破口，力争在较短时间内见到成效。因此，促进战略性新兴产业的发展，需要事先制定科学的发展规划，根据世界产业发展的趋势和我国科技发展与产业发展的水平，选取那些真正代表着科技创新方向、代表着产业发展方向、能够支持中国经济未来较长时间发展的先导产业和支柱产业作为战略性新兴产业，据此科学合理地提出培育我国战略性新兴产业的总体思路和未来发展的具体规划，形成我国促进战略性新兴产业发展的整体产业政策。

虽然，国务院相关文件中已经明确了重点支持方向，但各项支持政策中应明确战略性新兴产业包括的主要产业领域及重点方向，制定这些产业及重点领域在未来一定时间的发展目标，明确战略性新兴产业在未来一段时间的全国产业布局，确定相关政策支持措施，制定战略性新兴产业发展指导目录，并且根据相关产业发展的不同情况对产业进行分类指导。各地、各部门、各个企业需要根据自身的特点和优势，因地制宜，找到适合自己的主攻方向，有的放矢，进而提高资源利用效率，达到事半功倍的效果。

在形成上述战略性新兴产业发展的规划与政策思路之后，再按照分类指导的原则，根据战略性新兴产业发展布局规划和相关产业的特点，合理安排财政资金支出和税收优惠措施。尤其是对处于不同阶段和不同情况的新兴产业，根据不同情况有针对性地采取不同的支持方式。例如，对那些已在技术上取得重大突破，有望在短期内形成规模生产的新兴产业领域，应该重点从支持相关产品的消费和促进规模化生产的角度加强财税政策的支持；对那些正处于技术攻关时期、未来发展模式还未完全成形的新兴产业领域，要着重从对相关产业上游的技术研发等方面进行支持。通过对不同产业的分类，有针对性地加强对相关产业的支持力度，促使行业内领先企业迅速壮大，在较短时间内见到成效，抢占未来发展制高点。

（二）　加强与金融政策的协调配合

在社会资金配置过程中，除了私人直接投资以及企业的内源融资之外，一般可以将社会资金区分为财政性资金和金融性资金，这两者具有不同的特征，在经济生活的不同领域所发挥的作用也各不相同，但它们在经济运行过程中是相辅相成、共同发挥社会资源的配置功能。在传统计划经济时期，社会资金供给主要来自财政性资金，改革开放后，随着社会主义市场经济体制的建设，财政性资金在社会资金分配总额中所占的比例逐步降低，金融性资金的作用越来越重要，尤其是在现代企业制度下，企业发展所需要的资金将主要通过向金融机构借款或者是发行债务型和权益型工具等渠道获取。因此，为了满足战略性新兴产业相关企业发展所需要的大量资金，需要加强财政政策与金融政策的协调配合，合理进行角色分工，明确财税政策作用的边界，充分发挥金融政策的作用，引导足够的资金配置到战略性新兴产业发展之中。

战略性新兴产业的发展属于国家中长期产业政策的一部分，也是需要政策性金融支持的重要领域，在支持战略性新兴产业发展的过程中，需要注意发挥政策性金融的作用。可以通过增强财政对政策性金融的支持力度，充分发挥政策性金融机构的作用，及时为战略性新兴产业的相关企业和个人提供条件较为优惠的资金支持。具体形式：一是要充分发挥农业发展银行和进出口银行两家政策性银行的作用，借助于国家开发银行过去积累的在支持产业政策发展方面的经验，强化政策性贷款对战略性新兴产业的支持；二是要加强出口信用保险公司的作用，增强对战略性新兴产业相关企业产品出口的支持；三是要发挥政策性信用担保机构的作用，提高相关企业的融资便利度，有效满足它们的相关资金需求。

在商业性资金融通方面，目前我国社会资金融通的功能主要是通过以商业银行为中介的间接融资方式来实现，因此，要继续加大商业银行信贷资金对战略性新兴产业的支持力度：一是继续强化中央银行信贷指导计划的作用，加强对商业银行的"窗口指导"，促使商业银行认真落实"有扶有控"的信贷政策，调整优化信贷结构，支持相关产业发展；二是引导商业银行建立和完善适应战略性新兴产业特点的信贷管理制度和贷款评审体系，在控制信贷风险的同时，方便与战略性新兴产业有关企业的融资；三是鼓励商业银行在遵循商业原则的前提下，通过金融产品创新降低从事战略性新兴产业贷款业务的风险，例如，商业银行可以尝试扩大知识产权质押融资、产业链融资等新型贷款模式。

　　大力发展以资本市场为代表的直接融资体系，也是满足战略性新兴产业快速发展过程中资本需求的重要途径。目前我国的直接融资渠道相对较窄，规模也相对较小，并且各种上市融资资源主要被传统行业的国有大中型企业所垄断，因此，未来需要对资本市场的发展进行重新定位，充分发挥直接融资的作用，建立和完善多层次资本市场为战略性新兴产业的相关核心企业融资。这一多层次的资本市场包括以下几个方面：一是推动形成以创业板市场为核心的股权融资体系，积极鼓励符合战略性新兴产业条件的企业上市融资，这种方式一方面能够充分利用资本市场，为相关企业融入扩大再生产所需资金，另一方面也可以通过股票市场的价格发现机制，为企业所有者实现资产增值。二是积极推进统一监管下的场外证券交易市场的建设，满足处于不同发展阶段创业企业的需求。继续以地区性产权交易所为中心，搭建区域性产权交易平台，为相关企业尤其是为战略性新兴产业核心企业提供股权大宗转让服务，同时，完善现有的证券公司代办股权转让系统的各项制度和规则安排，扩大各战略性新兴产业科技园区在证券转让代办系统的试点范围，为园区内企业提供融资和股权交易支持。三是探索建立在不同层次市场之间上市企业的转板机制，逐步形成各层次市场之间的有机衔接。四是大力发展企业债券市场，简化企业开展债务融资的相关手续，鼓励符合条件的企业直接发行包括企业债、公司债、中期票据和短期融资券在内的债券融资工具，拓宽企业债务融资渠道。同时，创新企业债券发行模式，在前期试点基础上，积极研究企业发行低信用等级收益债券和私募可转债等金融产品，进一步扩大中小企业集合债券和集合票据发行规模。

（三）加强与投资政策的协调配合

长期以来，我国一直是高积累率、高投资率的国家，财政直接投资在国家投资体制中处于重要地位。在这一体系下，政府作为投资主体，为迅速建立与完善我国工业体系、实现经济社会的发展做出了巨大贡献。但也应该看到，这样的投资政策体系存在一些不合理之处，不仅可能造成社会资源的浪费，还可能会影响到战略性新兴产业的发展。因此，为了更好地促进我国战略性新兴产业的发展，提高社会资金使用效率，需要加强投资政策的引导作用，进一步改革长期以来形成的投资领域的缺陷，维护市场在资源配置中的基础性作用，坚持"谁投资、谁决策、谁受益、谁承担风险"的原则，逐步建立健全对政府投资的约束机制，重构以企业为核心的市场化投资体系。在此基础上，要合理界定政府参与战略性新兴产业投资的界限，从而确定财税政策在支持相关产业发展中的方向。

从目前情况看，在促进战略性新兴产业发展过程中，财政政策要与新的投资政策相配合，通过建立对投资主体市场化的激励和约束机制，进一步确立企业的投资主体地位；建立对政府投资的约束机制，合理界定政府投资范围、提高决策的科学化和民主化决策水平、建立政府投资责任追究制度。与此相适应，进一步调整完善财政支出政策，除非国家产业政策发展需要以及确属高风险行业、社会资金不愿意投入的，财政投入才能介入。一般情况下，财政资金不宜过多地增加资本性支出，直接投资于各类企业，而是根据不同战略性新兴产业的发展特点和科技发展的内在规律，选择税收优惠、财政补贴、担保、贴息、政府采购等政策工具引导社会资金投入。

在强化财税政策支持的同时，要大力培育和吸引新的投资或运营主体，促进民间投资进入战略性新兴产业。为了更好地引导民间投资，使民间投资合理、有序地投入到相关战略性新兴产业，国家综合计划部门需要在国家战略性新兴产业指导目录中明确提出各类鼓励、允许、限制和禁止民间和外资投资的项目。方便民间资本选择合适的投资领域，加快推动战略性新兴产业发展。

(四) 加强与科技政策的协调配合

技术创新是产业结构优化升级的核心和关键,战略性新兴产业是新兴科技和新兴产业的深度融合,我国某些战略性新兴产业已经具备了一定的规模,但在相关产业的核心技术和零部件生产方面与国际先进水平存在明显差距。因此,促进战略性新兴产业的发展必须掌握关键核心技术,重点发展那些具有市场需求前景,资源能耗低、带动系数大、就业机会多、综合效益好的行业。要大胆革除一切阻碍科技生产力发展的体制机制障碍,最大限度地激发科技工作者和全社会科技创新的活力。加强与国家科技发展政策的协调配合,配合科技体制改革的深化,着力增强自主创新能力,紧紧抓住新一轮世界科技革命带来的战略机遇,谋求经济长远发展主动权、形成长期竞争优势,为加快战略性新兴产业的发展提供强有力的科技支撑。

加强财税政策与科技政策的协调配合,首先,要加大对基础学科、基础理论研究以及重大科技基础的财政投入,安排资金专门用于促进基础理论研究进步,有利推动落实 2005 年确定的 16 项国家重大科技专项,形成基础理论研究和应用科技研究的重大突破,抢占科技制高点,为战略性新兴产业的发展奠定基础。其次,要完善科技管理体制,推动建立以企业为主体的技术创新体系,改变"官、产、学、研"互相脱节的现象。财税政策可以对企业技术创新成果进行直接奖励和给予税收优惠等支持措施,激励企业加强技术创新,加快科学技术进步和研究成果向生产的转化步伐。再次,要建立和完善科技成果交易与流通市场,加快科研成果的流转,实现科研成果从研究到生产的转变,促使科研和产业化之间建立有效的沟通协调机制,加快科技成果顺利转化为最终产品的步伐。最后,要大力实施知识产权战略,加强知识产权创造、应用和保护,注重加强专利权与商标权等知识产权的保护,有效保护创新主体的当期利益与长远利益,提高创新主体从事科学技术创造发明和拓展相关商业业务的积极性。

(五) 加强与人才政策的协调配合

战略性新兴产业既是科技发展的延伸,也是技术产业化的结果。因此,发展战略性新兴产业需要大量创新型科技人才、高级经营管理人才和经济社会发展重点领域专门人才。经过几十年的发展，目前我国已经积累了一批具有国际先进水平的高科技人才和适合我国国情的高级管理人才，但与战略性新兴产业发展所需要的大量相关人才相比仍然显得明显不足。因此，在加强财税政策支持相关产业发展过程中，要注意与国家人才政策协调配合，树立人才是经济社会发展的第一资源的观念，加快人才资源开发，积极培育和引进各类专家和高级人才，进一步完善人才培育、流动、"人尽其才"的制度体系，建立使各类人才充分发挥作用的激励机制。

财政政策支持人才发展，首先需要加强对人才的培育。只有一流的教育，才能培养一流人才，在推进教育改革的基础上，财政政策要促进义务教育的均衡发展，让东中西部地区、城市和乡村的儿童共享优质教育资源；加强职业教育，整合教育资源，改进教学方式，着力培养学生的就业、创业能力；推进高等学校管理体制改革，促使高等学校将人才培养、科技创新和学术发展紧密结合在一起。

其次，要完善全国性人才市场，鼓励学有专长的各类人才自主择业，实现人才的自由流动。进一步打破制约人才自由流动的户籍管理制度，推行居留证制度，整合各项资源为城市所有居民服务；进一步完善社会保障制度，实现养老保险账户的全国统一流转，减少在人才流动方面人为设置的制度性障碍。

最后，要减少创立企业过程中的相关审批手续和环节，形成有利于高科技人才创业的良好社会环境，目前，我国居民在创立企业过程中，需要得到工商、税务、卫生、消防、环保、土地、规划甚至计划生育等诸多管理部门的审批，人为拉长了企业创立的链条，严重影响到创业者的积极性，尤其是以知识产权、专利技术等折价入股时，需要对无形资产进行评估、作价等，且要经过繁杂的审批程序，企业开办的周期更长。未来各级政府需要加强为创业者服务的工作导向，在减少审批手续和环节的同时，整合与创业审批相关的诸多部门，尽可能实现"一站式"服务。

二、协调中央与地方关系，促进战略性新兴产业健康发展

在中央的决策部署和强力推动下，战略性新兴产业迅速进入了相关

部委、地方政府的视野，许多地方政府加速推出发展规划，密集出台各项扶持政策。这对于促进相关产业迅速形成并发展壮大、加速战略性新兴产业的发展具有重要意义。但各地各领域对战略性新兴产业的认识并不统一，具体表现为外延扩大、分类标准不一、划分范围不一致等，使得一些地方在发展战略性新兴产业过程中处于无序状态，出现了重复建设的苗头。因此，支持战略性新兴产业发展，要协调好中央与地方的关系，在把握世界战略性新兴产业发展趋势的基础上，尊重产业发展的客观规律，统筹规划战略性新兴产业的全国布局，综合考虑各地的资源特征、产业特征和区域特征，明确各自在发展战略性新兴产业中的定位与职责，协调中央政府与地方政府之间、不同部门之间的财政关系，加大对战略性新兴产业的财政投入和税收支持，推动战略性新兴产业的健康发展。

（一）合理划分中央与地方在促进战略性新兴产业发展方面的职责

发展战略性新兴产业作为新世纪最重要的国家战略之一，承载着调整产业结构、增加发展内生动力的重要使命，同时，战略性新兴产业作为国际经济竞争的制高点，它的持续发展需要世界领先技术支撑和巨额资金投入。因此，一个国家发展战略性新兴产业必须具有国际视野和战略思维，集中进行国力和统筹规划，这就需要中央政府对战略性新兴产业发展制定系统的总体规划，结合国情，统一部署：一是明确战略性新兴产业的内涵、该产业在全国产业结构中的作用和定位；二是明确战略性新兴产业在全国范围的空间布局、发展重点、区域协调和配套制度；三是明确战略性新兴产业的发展方向和不同时期的发展任务，支持战略性新兴产业的可持续发展。

目前，我国各地区都存在促进产业结构升级换代和提升经济发展质量的客观需求，地方政府对支持本地区战略性新兴产业发展具有广泛的积极性，如果缺乏有序发展的约束机制，就有可能在新兴产业领域出现新一轮产能过剩，造成资源浪费，例如，目前我国在无机硅生产和风力发电设备生产中已经出现这样的苗头。为避免战略性新兴产业的低水平重复和无序发展，中央政府需要承担起领导者和组织者的职责，通过通盘规划、统筹协调和加强宏观调控，合理引导各级政府有效支持战略性新兴产业的技术跃升和商业应用。由于区位条件、资源禀赋、经济社会发展基础等方面的原因，各省市战略性新兴产业的发展不平衡，要在"全国一盘棋"的前提下区别对待，指导各省市区形成各具特色优势的产业群。

在坚持中央政府统一部署、统筹协调的原则下，还要充分发挥地方政府的积极性，允许和鼓励地方政府在服从全局安排的前提下，从自己的实际情况出发培育发展有特色优势的新兴产业，鼓励一部分有条件的地区，尤其是国家综合配套改革实验区、国家自主创新示范区、国家综合性高技术产业基地、创新型试点城市所在的地区，开展先试先行。只有各地区充分发挥区域特色，形成分工协作、优势互补的发展格局，才能满足战略性新兴产业对于核心技术和各种配套条件的客观要求，实现战略性新兴产业的整体效益。另一方面，战略性新兴产业发展不仅仅依赖于技术创新，最重要的是通过商业模式的创新，在社会生产和生活中得到充分的推广应用，地方政府具有熟悉本地区经济情况的优势，在促进战略性新兴产业推广应用方面可以积极发挥引导和鼓励作用。

（二）明确划分中央与地方政府的财权，夯实发展战略性新兴产业的财力基础

在合理划分中央政府与地方政府在促进战略性新兴产业的职责之后，还要解决发展战略性新兴产业的财力基础问题。这就需要在明确与事权相匹配的中央和地方政府财权的基础上，合理安排中央和各级地方政府支持战略性新兴产业发展的财政支出政策和税收政策。

我国幅员辽阔，地区间经济发展存在明显差异。未来要在构建中央与地方政府之间顺畅协调机制的基础上，建立和健全以事权为基础的政府间财政关系，加快出台中央和地方政府财权划分的相关规则，适当增强地方政府财力，同时也采取措施促使地区间财力的相对公平。具体可以采取如下措施：一是继续深化"分税制"改革，在税种设置上考虑地方政府的需求，增强地方政府的财力基础；二是进一步规范转移支付制度，增强转移支付对地区间财力不均衡的调节能力。要进一步规范和优化中央财政转移支付工作，降低中央财政向各地方政府确定转移支付数额中存在的基数效应，合理配置财政资源，完善一般性转移支付的核算标准，在保证各地区基本公共服务提供能力大体一致的基础上，有重

点地支持相对落后省份战略性新兴产业的发展，逐步建立促进地区公平的财政支出政策。

在划分中央和地方政府财权之后，要按照战略性新兴产业政策中的发展规划和产业布局，结合中央和各地方政府在战略性新兴产业发展中的职责，合理安排中央和地方的财政支出政策和税收政策以支持战略性新兴产业的发展。同时，还需要考虑跨行政区域的省级、地市级以及县级政府相关政策的协调问题，消除地方保护主义的影响，形成步伐一致的政策支持体系，促进区域内战略性新兴产业的共同发展。

在财政支出方面，中央政府的财政支出将主要用于国家基础理论研究和促进战略性新兴产业核心技术的发展，并且通过国家产业政策的配合，对重点行业和企业进行投资，促使相关产业的产业化运转。同时，为了更好地支持战略性新兴产业的发展，中央财政还可以根据国家产业政策布局和地区间财力的差异，在确定转移支付数额时适当向中西部地区和东北老工业基地倾斜。地方政府则按照战略性新兴产业的布局，通过设立地方性产业投资基金以及引导基金社会资本投向，加大对相关重点产业的整合力度，促使这些产业的上下游企业实现区域集聚发展。

在税收政策方面，中央财政可以根据发展战略性新兴产业的需要，对向企业征收的某些中央税种以及中央和地方共享税种中的中央政府分享部分，给予核心企业以更优惠的税收政策，激励相关企业更多地将资金用于关键技术研发、技术构造及升级以及扩大投资支出等方面。各地方政府也可以适当减免相关产业的地方性税收，并且在土地使用收费方面给予相关企业以更优惠的政策。

此外，还可能通过进一步完善国有资本经营预算制度，适当提高国有企业利润上缴比例，适度增加用于战略性新兴产业发展的支出。具体而言，中央企业的相关收入主要用于促进基础科学研究和技术开发的投入、对取得关键性技术突破的科研人员的奖励以及对重点行业和重点企业的投资等。而地方国有企业上缴的利润则主要用于促进区域性新兴产业核心企业的产业化改造和关键技术的研发等方面，并且可以作为地方性产业投资基金的资金来源。

（三）整合各地现有产业基地和园区资源，建立分层次战略性新兴产业集聚区

国际经验表明，战略性新兴产业发展较为迅速的地区，都大力重视产业集聚，例如，欧盟采取以研发带生产的战略，形成了以科技园区为主导的生物、电子信息等战略性新兴产业基地发展模式。我国目前确定的战略性新兴产业，实际是在前些年已经大力发展新能源、新材料、信息产业等高新技术产业的基础上，根据世界产业发展趋势和我国转变经济增长方式的需要，选取一些对未来经济发展具有明显影响的重大行业和有可能成为未来经济增长的支柱产业进行重点支持，加快这些新兴产业的发展步伐。因此，除了一些尚在技术研发阶段的产业之外，更多的战略性新兴产业实际已经初步形成产业化或者是有望在短期内形成产业规模，这些产业的核心企业已经存在于各地建立的高科技产业园区或高新技术开发区之中，但这些企业的布局比较分散，难以通过产业集聚形成合力，而且这些高科技园区和技术开发区的发展重点不一，发展程度不一，对相关战略性新兴产业的重视程度也会出现不同，从而会影响战略性新兴产业核心企业的进一步发展，影响相关产业的关联整合，制约战略性新兴产业链的形成。因此，需要对各地建立的高科技产业园区和高新技术开发区等进行整合，在中央和地方不同层次建立各自的战略性新兴产业集聚区。

在国家层面，要以战略性新兴产业布局规划为指导，结合前期确定的各种国家综合配套改革实验区、国家自主创新示范区、国家综合性高技术产业基地等，整合相关示范区与产业基地的资源，形成能够有效促进相关战略性新兴产业发展的国家级产业园区，必要时也可以根据国家产业布局规划情况，重新设置新的战略性新兴产业基地或园区，从而帮助相关产业迅速形成生产力，成为拉动未来经济增长的支柱产业和主导产业。

在地方政府层面，一方面，可以在综合条件较好的地区设立不同层次的区域性战略性新兴产业综合配套改革试验区，各试验区根据自己的特色优势确定几个需要重点发展的新兴行业，并在原有优势企业的基础上，通过制定税收等优惠政策，吸引符合条件产业的核心企业到这些地区，逐步形成促进战略性新兴产业的产业集聚区，从而发挥区域优势，形成推动发展的合力，力争在战略性新兴产业的发展过程中率先取得突破性进展。另一方面，也可以对已有的相关产业示范基地和产业园区的功能进行重新定位，将部分高科技产业园区转型为某一或某几个战略性新兴产业的集聚区，突出相关新兴产业领域的产业化项目，以各地的产业基地和园区为载体、重点企业为龙头，促进新兴产业发展所需的资源、生产要素以及配套产业在地理空间上的有效集聚。鼓励企业跨地区、跨行业、跨所有制资产重组，形成一批有国际竞争能力的大企业、大集团，实现要素向优势行业和企业集中、集聚，构建特色优势产业链，实现新兴产业的关联整合。

（四）完善政绩考核评价机制，克服和防止地方政府发展战略性新兴产业的短期行为

在各地政府制定的战略性新兴产业发展规划中出现的不同地区对同一产业重复建设、将部分传统产业"改头换面"之后列入战略性新兴产业等问题，折射出地方政府在发展战略性新兴产业过程中存在"急功近利"的短期行为，产生这些现象的一个重要原因是当前的干部政绩考核评价机制过分强调以 GDP 为基础的经济增长速度等硬性指标。

自 1985 年以来我国用 GDP 指标取代国民生产总值，并用 GDP 作为衡量经济发展的指标之后，GDP 增长率逐步成为考核任用干部的重要尺度。GDP 指标的引入使得数量化指标成为政绩考核的重要方面，对于促进各级政府官员做好工作、实现经济增长具有积极的意义。但由于 GDP 指标代表的是经济发展数量，无法体现经济增长的质量和效益，也使得我国出现了"高投入、高污染、低产出"的粗放型经济增长模式，并且一直延续下来，至今仍然没有完全摆脱这种发展模式，不利于经济的长期增长和经济社会协调发展。有鉴于此，2009 年 12 月中央经济工作会议上明确提出，要以完善政绩考核评价机制为抓手，增强加快经济发展方式转变的自觉性和主动性。

在发展战略性新兴产业过程中，要在建立和完善对战略性新兴产业的统计评价体系和制度的基础上，逐步将战略性新兴产业发展情况引入到政绩考核过程中，实现政绩考核评价机制的转型，降低 GDP 增长在干部政绩考评中的比重，要结合战略性新兴产业的发展和以人为本、建设和谐社会的发展理念，制定体现科学发展观要求的新评价指标体系，

结合经济发展与环境保护、经济发展与促进民生等方面的工作情况，引导领导干部树立正确的政绩观，高度关注民生，既做看得见、摸得着的实事好事等"显绩"的同时，还要做事关长远、事关国家和人民群众根本利益的难事、基础之事的"潜绩"，使领导干部主动自觉地贯彻落实科学发展观，实现战略性新兴产业的持续健康发展，有力地推动经济发展方式转变。

三、创新政府与民间合作方式，引导民间资源流向战略性新兴产业

由于战略性新兴产业具有受益的外部性、高风险性和高投入性等特点，决定了政府在培育和发展战略性新兴产业中负有重要责任。在促进战略性新兴产业发展过程中，要积极运用政府政策手段引导、培育和推动相关产业的发展。但是，战略性新兴产业的发展仍然必须基于市场机制的作用，主要依靠企业这一市场经济微观主体的活动，形成积极投入战略性新兴产业的社会资源优化配置。这就需要在运用财税政策的同时，创新政府与民间的合作方式，为战略性新兴产业的发展创造一个良好的市场环境，提高战略性新兴产业的投资收益水平，通过市场机制的调节，吸引优质民间资本投向战略性新兴产业。

（一）创新政府与民间的资金合作方式，引导社会资金投入战略性新兴产业

战略性新兴产业的发展需要大量资金投入，为了解决这一进程中的资金需求，应该在改革金融、投资体制的同时，充分动员一切社会资源投入到战略性新兴产业的发展，这不仅包括来自政府的资金支持，更重要的是要引导好民间资金。这就需要在实际工作中创新政府与民间的资金合作方式，多渠道广泛吸引社会资金主动投入战略性新兴产业。

一是以产业基金的形式筹集社会资金投入战略性新兴产业。由于战略性新兴产业具有高投入、高风险的特征，以商业银行为代表的商业性金融机构很难给予信贷支持，国际上的经验也是通过建立各类创业投资基金和天使投资基金，筹集社会闲散资金，帮助处于初创期、成长期的

创新型企业获得资金支持。创业投资发展的初期，政府的参与至关重要。20 世纪 90 年代，为了促进高新技术企业的发展，由各省市政府主导的国有创业投资基金纷纷成立，经过十多年的发展，我国的创业投资基金已经达到一定规模，已经为支持高新技术企业提供了大量资金支持。下一步，各地政府要积极进行引导，鼓励民间资本和外资加入产业基金行业，强力推动创业投资基金、产业投资基金、股权投资基金（PE 基金）以及风险投资基金等的发展，从不同层面、不同领域加强对战略性新兴产业的投资力度。

同时，政府要采取多种方式更好地发挥财政资金的引导作用。比如，政府可以出面建立战略性新兴产业创业风险投资引导基金，采取发起设立创业投资基金、产业投资基金或者是直接对类似产业基金注资等方式，发挥财政投入"四两拨千斤"的作用，迅速增加不同层次的创业投资基金和产业投资基金的数量与规模，提高民间资本参与或者设立产业基金和创业投资基金的积极性，吸引大量民间资本投入到产业基金行业，快速壮大创业投资基金和相关产业投资基金的资金规模与实力，从而为战略性新兴产业的发展带来大量社会资金投入。

二是大力发展中小企业信用担保机构。战略性新兴产业的许多核心企业在设立初期或者处于发展的初级阶段属于中小企业范畴。一般而言，由于中小企业平均生命周期短、经营不稳定、倒闭率高，加之中小企业规模偏小，缺乏抵押资产等信用担保手段，尤其是那些科技型中小企业，由于固定资产不足等原因，总体信用水平较低，很难满足商业银行贷款的要求，需要通过特定的制度安排，提高这些中小企业的资信水平。比如，可以借鉴美国联邦小企业署等国外机构的成功做法，着力做好中小企业信用担保业务，进而促进战略性新兴产业相关企业的发展。

目前在支持中小企业信用担保机构发展方面，还有许多工作需要加快推进。首先，需要对现有的中小企业信用担保机构和业务进行整合，形成一批有实力的信用担保企业，成为向战略性新兴产业的相关企业提供信用担保业务的主力军，提高企业的资信水平，使企业能够以较为优惠的利率获得商业银行贷款。其次，要加强财政资金对信用担保机构的支持，根据信用担保机构的特点，逐渐形成财政资金对中小企业信用担保机构风险准备金的支持机制和对风险代偿损失的部分支持机制，以较低的财政投入实现形成更大的信用支持能力。最后，要加强政策性中小企业信用担保机构的功能，强化政策性资金运用效果及目标考核机制，使政策性中小企业信用担保机构主要从事的担保业务集中在与战略性新兴产业发展相关的产业领域，通过信用担保企业的担保，使战略性新兴产业核心企业以较为优惠的利率获得商业性资金支持。

（二）创新政府对高新技术开发的支持方式，引导民间资本从事科技开发

促进战略性新兴产业的发展离不开科学研究的发展和技术水平的进步，但我国企业自主创新的动力不足，特别是一些企业从事科技开发的积极性不高。以我国大中型企业为例，其总体的研发投入占销售收入的比例不到2%，远远低于国际上平均5%、高技术企业更是在10%以上的水平，而我国的民营企业在新产品研发投入方面更是远远不如大中型企业。因此，为了加快技术创新步伐，需要逐步建立和完善以企业为核心的高新技术创新体系，支持对战略性新兴产业具有重要意义的科技创新项目，以尽快在关键技术与共性技术上实现重点突破。从实践看，在高新技术企业成形的"技术研发期→成果转化期→初步产业化→规模市场化"的纵向产业化链条中，财税政策的激励环节越是前移，其驱动效应就越明显。因此，要创新政府对战略性新兴产业特别是民营企业开展技术开发的支持方式，加大引导力度，促进提高企业用于技术开发的资金投入水平。

具体的措施主要有：一是加强对国家重点实验室、工程中心、工程实验室、企业技术中心的直接资金扶持，加大相关基础技术研究的资金投入力度，完善对相关机构的税收优惠政策；二是从直接对战略性新兴产业核心企业的支持转向支持行业组织、技术联盟和产学研合作组织等机构，减少其他国家以反补贴为借口对相关企业甚至行业设置贸易壁垒；三是加强对战略性新兴产业相关企业的认定，不能类似对高新技术企业的认定，即不能要求企业在资格认定时就已经拥有自主知识产权，而应该将那些正在处于研发投入阶段尚未形成自主知识产权的从事战略性新兴产业的相关企业纳入支持名单；四是落实对科技研发支出加倍扣除纳税额以及高新技术企业无形资产摊销的一次性全额抵扣等税收减免措施，引导企业增加技术开发投入；五是鼓励科技人员以知识产权、专

利技术等无形资产，经评估、作价以产权形式入股，参与企业的利润分享。

（三）创新财政资金对新兴行业和重点龙头企业的支持方式

在经过研发阶段之后，战略性新兴产业相关企业在向产业化发展过程中也需要财税政策的支持。例如，对那些处于示范推广、应用和产业化阶段的新兴行业和重点龙头企业的支持。但财税政策的支持不能简单延续传统的财政资金直接投入及资助等方式，需要进一步探索符合市场规律和国际规则的财政补贴和资助措施，创新财税政策资助环节、手段和方式，将财政资金投入到市场机制难以发挥作用的领域和环节上，为战略性新兴产业相关企业的产业化运营提供相应的资金支持和政策支持，实现激励机制和引导机制并行，引导社会资源投入到战略性新兴产业之中。

具体政策实施过程中，要注重加大新兴产业市场的培育力度。新兴产业往往都处于成长阶段，通常会面临潜在市场空间巨大、现实市场拓展艰难的共性问题。西方国家不仅注重基础研发和技术转化，还非常注重消费市场的培育和引导。例如，为了推动低碳经济的发展，欧盟制定了严格的汽车排放标准，促进旧车的淘汰，并降低电动汽车的登记及流转税。欧美政府还主导建立了碳排放交易市场，人为地为低碳经济创造新的需求。

我国战略性新兴产业起步晚，整体实力还不强，建议借鉴发达国家扶持战略性新兴产业的做法，在产业化起步的示范推广阶段，应采取对企业投资方面的奖励、财政补贴、财政贴息、担保等支持政策，引导和鼓励社会资金加大对相关企业的投入力度；而对已具备产业化条件的，可区分不同的情况，在相应的消费环节给予支持，拉动消费者需求，培育壮大市场。例如，为推动新能源汽车的销售，不仅要提供价格补贴和减免车辆购置税费等购置环节的优惠政策，还可规定路桥收费减免、停车优惠等保有环节的激励政策；又如可以通过实行差别电价、并网发电、政府收购、临时性上网电价补贴、定点企业生产补贴、临时性税收优惠等办法，支持风能、太阳能、生物质能源的发展等。同时，还要针对战略性新兴产业的特点，对处于产业化运营初始阶段的企业，适当出台持续时间较长的税收优惠政策，以减轻企业负担。在鼓励相关产业出口方面，为了防止其他国家设置障碍，可以考虑从直接鼓励出口转向完善预警机制消除贸易壁垒等。同时，各地政府还可以根据战略性新兴产业相关企业的情况，在坚持节约、集约用地的前提下，优先安排产业用地，对符合特定条件的项目甚至可以实行土地集群供应，促进尽快形成产业集群、集聚效应。通过这些措施，使民间资本在开展战略性新兴产业投资过程中获得应有的收益，发挥市场机制的作用，引导更多的优质社会资源配置到战略性新兴产业之中，使其成为推动我国国民经济未来增长的支柱产业和主导产业，实现政府与民间力量的合作共赢。

第九章

深化财政管理制度改革，提高支持战略性新兴产业发展的财政政策绩效

财政政策是推进战略性新兴产业发展的政策基础。近年来，我国财政部门积极探索、大胆创新、审慎决策，分别采用了预算投入政策、国债投入政策、财政补贴政策、财政贴息政策、财政担保政策、税收优惠政策及政府采购政策等。这些政策为改善战略性新兴产业发展环境，提升产业发展质量，提高产业发展速度和强化国际市场竞争优势作出了重要贡献。但另一方面，由于政策体系失衡，着力重点的差异和措施搭配的失当导致了战略性新兴产业在产业布局、产业集聚、产业规划和产业组织等层次上出现了一些问题，影响了财政政策的效果。本章对我国支持战略性新兴产业发展的财政政策绩效进行分析，并从财政支出和税收优惠两个方面对当前财政政策效果进行综合分析，以进一步深化财政管理制度改革，提高支持战略性新兴产业发展的财政政策绩效。

一、绩效与财政政策绩效管理

（一）绩效的内涵

"绩效"一词来源于管理学，其核心含义是成绩和效益，具有多因性、多维性和动态性特点。多因性是指绩效高低受多方面因素影响，主要包括技能、激励、机会、环境等四个方面。多维性是指需要从多个不同的方面和维度对绩效进行考评分析。不仅考虑措施行为还要考虑措施结果，综合性地得到最终评价。动态性强调绩效是多因性的，并且这些因素处于不断变化中，因此绩效也会不断发生变化。绩效考评的时效性

是其重要影响因素。

在本书中，所谓"绩效"是政府为实现战略性新兴产业目标而实施的财政政策和手段在不同产业、技术等层面上的有效输出。财政政策绩效是成绩与成效的综合，是一定时期内的财政政策实施行为、方式、结果及其产生的客观影响。

（二）绩效管理

绩效管理的概念也来自于管理学。其初始含义是指管理者与员工之间就目标与如何实现目标上达成共识的基础上，通过激励和帮助员工取得优异绩效从而实现组织目标的管理方法。绩效管理的目的在于通过激发员工的工作热情和提高员工的能力和素质，以达到改善公司绩效的效果。

（三）财政政策绩效管理

财政政策的绩效管理有效借鉴了上述绩效管理的一般含义和内在规律，形成了具有财政投资、评价、监督和管理特点的绩效管理体系。具体来说，财政政策绩效管理强调决策、执行、结果的统一，坚持事先预测、过程控制和结果评价的连贯性和一致性，并在目标管理、绩效考核、激励控制三个环节上获得良性循环。

二、支持战略性新兴产业发展财政绩效管理的基本思路

财政绩效管理所涵盖的内容很多，它所要解决的问题主要包括：如何确定财政政策的有效目标？如何使目标在财政政策与产业发展之间形成合力？如何引导战略性新兴产业的企业朝着正确的目标发展？如何对实现目标的过程进行监控？如何对实现的业绩进行评价和对目标业绩进行改进？财政绩效管理的核心是通过管理者与员工之间持续不断地进行的政策引导与产业管理的循环过程，实现战略性新兴产业的业绩改进，所采用的手段为 PDCA 循环，如图 9-1 所示。

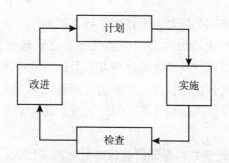

图 9 – 1　财政政策绩效管理的 PDCA 循环

（一）财政政策绩效管理的定位与作用

从产业经济学理论的角度，无论产业处于何种发展阶段，财政政策绩效管理对于提升产业的竞争力都具有巨大的推动作用，进行绩效管理都是非常必要的。财政政策绩效管理对于处于创新期的产业而言尤其重要，没有有效的财政政策绩效管理，有限的财力的作用难以得到有效的发挥，政策和产业的绩效得不到持续提升，企业就不能适应残酷的市场竞争的需要，最终将被市场淘汰。财政政策绩效管理不仅能促进政策和产业绩效提升，而且还能促进战略性新兴企业的管理流程和业务流程的优化、最终保证组织战略目标的实现。

1. 财政政策绩效管理促进战略性新兴产业绩效的提升。

财政政策绩效管理通过设定科学合理的政策目标、措施体系和支持力度，为企业指明了努力方向。企业管理者通过绩效辅导沟通及时发现企业运行中存在的问题，并提供必要的工作指导和资源支持，通过组织结构以及工作方法的改进，保证绩效目标的实现。另一方面，财政政策绩效管理通过对企业进行甄选与区分，保证优秀企业脱颖而出，同时淘汰不适合的企业。通过财政政策绩效管理能使战略性新兴产业的进入企业得到成长，同时能吸引外部优秀企业关注和加大对战略性新兴产业的投入，使企业资源能满足产业发展的需要，促进绩效的提升。

2. 财政政策绩效管理促进管理流程和业务流程优化。

财政政策绩效管理涉及对过程和结果的管理，对结果的管理主要是激励约束问题，对过程的管理就是流程问题。所谓流程，就是一件事情或者一个业务如何运作，涉及因何而做、由谁来做、如何去做、做完了传递给谁等几个方面的问题，上述四个环节的不同安排都会对产出结果有很大的影响，极大地影响着组织的效率。在财政政策绩效管理过程中，各项财政政策都应从产业整体利益以及运行效率出发，尽量提高业务处理的效率，应该在流程方面不断进行调整优化，使组织运行效率逐渐提高，在提升了组织运行效率的同时，逐步优化了企业管理流程和业务流程。

3. 财政政策绩效管理保证产业战略目标的实现。

我国的战略性新兴产业已经有比较清晰的发展思路和战略，有远期发展目标及近期发展目标，根据外部经营环境的预期变化以及产业内部条件制订出规范的运营计划及投资计划，企业管理者在财政政策的指导和引致下，将企业的年度经营目标向各个部门分解就成为部门的年度业绩目标，各个部门向每个岗位分解核心指标就成为每个岗位的关键业绩指标。以此为基础，促进和协调各个企业按着产业预定目标努力，形成合力最终促进产业发展目标的完成，从而保证企业近期发展目标以及远期目标的实现。

（二）支持战略性新兴产业发展财政绩效管理的基本思路

战略性新兴产业的特点是技术门槛高、市场潜力大、带动系数大、综合效益好，在实施公共财政支持战略性新兴产业发展时，应首先确立战略性新兴产业的战略发展目标，然后按照因果动因的联系层层建立评价指标。实现对战略性新兴产业的评价，是从组织使命出发，促进经济增长，引发社会新需求、引领产业结构调整和发展方式转变出发，通过对技术创新、产业带动、发展潜力、综合效益等指标体系的评价，从而确定合理的财力投入和人力投入，以推动科技创新，使最小的投入取得最大的产出，并得到社会的认可从而扩大社会对战略性新兴产业投入的力度。战略性新兴产业绩效管理思路如图9-2所示。

在财政政策支持战略性新兴产业的绩效管理实践中，核心而关键的问题是建立绩效评价的基本方法、指标和核算体系，并以此为基础给予必要的权重赋值，对相关的财政政策措施的设计、运行和协同进行分析和评价。

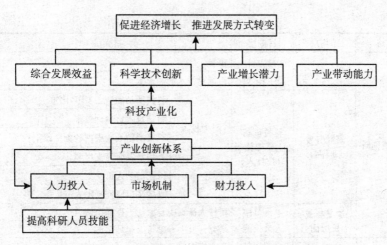

图9-2　公共财政支持战略性新兴产业绩效评价思路

（三）以科技产业为例，公共财政绩效评价的指标体系

为使财政政策支持绩效管理进一步具体化和规范化，本书以科技产业为代表，规划了公共财政绩效评价的指标体系。根据前文的分析，按照指标体系设计的层次性和系统性、数据可获得性、合理有效性原则，兼顾技术产业的特点，从四个维度出发，设计包含44个指标的评价指标体系（见表9-1）。

表9-1　　　公共财政支持战略性新兴产业绩效评价指标体系

战略层	结构层	目标层	指标层
科技创新	科技产出层面	科学技术产业化	新技术产品占工业产值比重
			新技术产品利税占工业利税比重
			新技术产品销售收入占全部销售收入比重
			新技术产品出口额占商品出口额比重
			新技术产品进口额占商品进口额比重
		科技成果	科技论文数
			发明专利批准数
			科技著作出版种类
			技术市场交易成交额

续表

战略层	结构层	目标层	指标层	
科技创新	市场层面	市场对技术的认可	市场份额	
			市场对技术的需求满意度	
	研究开发层面	科技创新（主要依赖于科技投入）	财力投入	科技活动经费占 GDP 比重
				科技投入资金到位率
				科技活动经费中财政资金比重
				人均开发研究支出额
			人力投入	科技活动人员
				直接从事研究开发人员
	学习与成长层面	提供科研人员技能	科技人员数中专家与工程师比例	
			研究开发中专家与工程师比例	
综合效益	经济效益层面		产业增加值	
			产业附加值率	
	环境效益层面		产业资源消耗情况	
			产业能源消耗情况	
			资源消耗占 GDP 的比重	
			能源消耗占 GDP 的比重	
	市场结构层面		产业集中度	
			骨干企业市场占有率（TOP5、TOP10）	
	生产组织层面		企业组织网络	
			生产集约化程度	
增长潜力	行业增长层面		行业增长速度与 GDP 增速比重	
			行业增长速度的持续性	
	市场增长层面		市场规模扩张速度	
			市场需求弹性	
	对国民经济影响层面		产业增加值占 GDP 比重	
			产值占工业总产值比重	
产业带动	出口带动层面		出口增速	
			产业国际市场占有率	
			产业外贸形势变化	
	产业带动层面		产业关联系数	
			技术连带功能	
			影响力系数	
			感应度系数	
	就业带动层面		就业人员占全国就业人员总数比重	
			关联产业就业人员增长规模	

三、推进税式支出改革，提高政策绩效

税式支出又称税收优惠，是指国家为达到一定的政策目标，在税法中对正常的税制结构有目的有意识地规定一些背离条款，造成对一些特定纳税人或课税对象的税收优惠，以起到税收激励或税收照顾的作用。从当前财政支持战略性新兴产业政策的构成来看，税式支出是其两大类构成政策之一，另外一种是财政直接资助市场基础研发和应用研发的产业投入政策。根据前文的分析，我国政府所采取的税收优惠政策涉及企业所得税、增值税、关税、城镇土地使用税、营业税等税种，优惠方式包括优惠期、税收抵免、税前扣除等。

（一）当前税式支出政策的绩效分析

从我国税式支出政策的实践来看，当财政对创新的税收优惠力度逐步增大时，减税率由低到高依次变动。提高减税率能够降低市场研发主体的研发创新成本，成本降低改变了市场研发投入规模的最优选择，导致经济增长率的稳步提升。由市场研发密度对减税率、经济增长率对减税的弹性来看，随着减税率的逐步提高，市场研发创新量和经济增长率均表现出速率递增的正向变动，从而税收优惠政策能够取得良好的增长绩效。考察基础研发和应用研发随减税率的变动情况，当减税率从最低值逐步调整到最高值时，应用研发密集度出现了震荡递增，而基础研发密集度则形成平滑递增的情况，税收优惠政策对基础研发的促进效应是显著而平稳的。从相对比率的变动情况来看，应用研发同基础研发呈比率迅速下滑，然后呈震荡波动状态并整体趋降。这说明在无财政政策干预的情况下，基础研发规模过小，市场将更偏重于应用研发，致使经济增长率因知识总量增速放缓而趋于下降，当前税收优惠政策有助于缓解市场自发配置资源的上述缺陷。

但从资本密集度对减税率的冲击反应趋势来看，资本研发密集度呈速率递增的下降趋势，与市场研发密集度的变动情况相悖。资本密集度随减税率的增长而趋于下降，是由于税收优惠政策在促进研发创新量累进扩增的同时，降低了资本存量对技术水平的相对比率，减税率越高，研发创新成功率就越大，稳定均衡状态的经济增长率也相应越高。此外，税收优惠政策并没有产生挤出效应，即财政采用税式支出手段，并不会使企业在享受优惠时产生降低自身研发支出的逆向选择，税收优惠与市场研发形成一种互补而非替代的关系。但作为发展中的大国，当前中国面临着增长、转型和结构优化调整的多重压力，经济发展还需要大规模的基础设施建设和投资扩张，因此对研发创新的税收优惠力度不宜过高，否则将超越资本存量和创新技术的适度比率，出现"资本拖累"现象，并在资本积累与研发创新动态融合的机制作用下减缓增长速度。因此在"十二五"期间，通过制度优化、税率调整等手段，适度调增当前的税收优惠幅度、减轻企业研发创新税负、支持企业实施技术改造和产业优化升级的政策取向是比较适宜的。

（二）完善税式支出制度，提升政策绩效

税式支出制度对战略性新兴产业的发展发挥了重要的作用。当前，应考虑税式支出制度的复杂性及我国现行税制和税收管理水平的具体情况，逐步推进税式支出制度的发展、完善。

1. 明确税式支出的政策目标，加大对战略性新兴产业的支持力度，并科学确定税收优惠扶持政策的先后顺序。

目前，可以把技术进步作为税收优惠的第一目标，把产业结构调整作为税收优惠的第二目标，把发展方式转变作为税收优惠的第三目标。在制定税收优惠制度时，对多个政策目标相重合的项目实行多重税收优惠或优先安排。

2. 科学界定税式支出的范围，适时动态调整战略性新兴产业的范围和布局。

在我国现阶段，税式支出的重点范围应当紧紧围绕能够推动科学技术重大突破，能够引发社会新需求、引领产业结构调整和发展方式转变，对人类社会进步、国家未来综合实力发展具有根本性重大影响、并在快速成长的新产业领域。

3. 加强税收激励政策管理，提升政策效率，降低运行成本。

对已经存在的税式支出，应考察其利弊得失，决定其存废留去；对行将设置的税式支出，也应加强税收激励政策管理，推行进行成本—收益分析，保证其取得预期的经济效果。当前在进行税式支出激励政策

时，主要是确定其直接的、内部的、有形的、实际的成本与收益，对于一些具有外部性的优惠项目，也可以确定外部的、有形的、实际的成本与收益。

4. 建立税式支出优惠的预算制度，强化税式支出的硬约束。

要建立税收优惠预算制度，首先要编制税式支出优惠预算。在我国现阶段，一方面，税收优惠的范围宽、规模大，另一方面，从中央到地方的各级政府均没有编制税式支出优惠预算的经验。在编制税式支出优惠预算时，要采取先易后难、先宽后严、先试点后实施的分阶段推进的方法。当前应对某一部门或某一支出项目进行税收优惠的成本预测，然后扩大到主要税种和重点项目的税收优惠，最后编制出全面的税式支出优惠预算，纳入政府的预算管理体系。

四、进一步完善我国财政产业支出
政策，改进政策运行绩效

我国财政产业支出政策是政府支持战略性新兴产业的关键措施，涵盖了直接补贴、财政贴息、研究与开发委托费等多种形式。在我国的产业发展的进程中，财政产业支出政策发挥了重大作用，并积累了丰富的管理经验。在战略性新兴产业的建设与发展中，财政产业支出政策将不断调整和完善，进一步提升政策运行绩效。

（一）我国财政产业支出政策的绩效分析

根据我国财政产业支出政策运行的历史轨迹，随着财政支持力度的逐步提高，市场研发密集度和经济增长率表现出速率平滑减缓的正向变动。这主要受益于提高财政产业支持力度后，创新成功率在市场主体的研发创新努力和财政资金支持下增大，稳态增长率也相应提升，这一点与税收优惠政策类似。但由于财政直接支出行为干扰了市场研发投资最优决策，会挤出一部分市场投资，从而财政研发支出政策与市场研发本身之间可能存在一定程度的替代效应，导致其增长绩效弱于税收优惠政策。总体来看，财政产业支出对经济增长的正向冲击仍然超越了挤出效应的负面影响，甚至在某些情况下财政支出不但不会产生挤出效应，还

可能在边际收益递增的机制作用下刺激市场主体增加研发投资，即产生汲水效应。此外，当研发投入额和税收优惠量占财政研发总额比例较低时，经济变量对财政支出政策的反应弹性值高于税收优惠政策，即财政支出政策见效时滞短，应用起来也更灵活、迅捷，这是其相对于税收优惠政策的主要优势。

与税收优惠政策相似，资本密集度变动趋势与产业投入规模的变动趋势相悖。这是由于资本密集度反映了资本存量与技术前沿指数的比率，当财政支出量增加从而提高技术前沿指数时，资本存量的提升速度低于技术前沿指数速度，从而资本研发密集度必然相对降低。另外研发资助政策并非采取间接调控的方式，会占用一定量的财政资源，在经济增长保持稳态均衡、而财政资源总量一定时，这将在某种程度上挤出经济用于扩大投资的资源份额，上述两种情况都导致了资本密集度的下降。但与税收优惠政策不同，资本密集度对财政产业支出量的弹性震荡递增，说明财政产业投入政策对创新和技术进步的激励效果呈边际递减，这是导致增长速率平滑趋降的诱因。

（二）推动财政支出政策改革，加强绩效管理

推进财政支出绩效政策改革的核心是运用科学的评价方法对财政支出的全过程进行相关分析，并将考评结果融入整个预算编制，从而使财政资金的分配和使用遵循经济、高效的原则进行，以提高政府管理效率、资金使用效益和公共服务水平。主要措施包括：

1. 抓紧构建财政支出绩效管理基本体系，形成战略性新兴产业财政支出绩效的核定基础。

一是项目支出各职能部门，即具体执行和实施绩效体系的部门，需要制定策略目标、进行自我评价、分析总结；二是财政部门和专家组织，财政部门负责作综合效益评价，专家组织协助财政部门做好调查、监督与分析工作；三是监督机构、中介组织及社会公众，审计部门应严格对资金使用效率进行绩效审计监督，其审计结果作为来年预算安排依据的因素，社会中介机构、社会公众也应树立绩效理念，成为支持和监督财政支出绩效评价的主体。

绩效管理的主要内容包括：第一，对一般预算支出的绩效评价，即评价部门预算的总体绩效。主要包括政务信息管理、资源配置绩效管

理、公务员业绩管理、财务质量管理等内容。通过评价加强政府责任制，并激励各机构完善其内部管理、识别问题和解决问题。第二，对项目投入绩效评价，包括项目质量技术标准、项目资金效益标准、项目社会效益标准等内容。

2. 建立并推行财政支出绩效评价指标体系，为财政支持战略性新兴产业提供指导和要求。

财政支出绩效评价指的是对财政支出的效率和效能的评价，所以财政支出绩效评价指标应包括定量指标和定性指标。定量指标的构建重点是：第一，包括反映财政支出规模以及其是否适度的指标，如财政支出占国内生产总值的比重、财政支出增长率等。第二，包括反映财政支出结构以及其是否合理的指标，如反映我国公共财政支出在行政管理、科教文卫事业、社会保障和社会福利等领域使用情况的指标。定性指标则主要用于无法通过数量计算分析评价内容，是对定量指标的进一步补充。主要包括：一是效益性指标，考查部门和单位对经济增长、社会发展、环境保护等方面的影响；二是创新性指标，考查部门和单位在市场经济条件下，围绕和谐社会发展的目标，不断根据外部环境进行的结构调整和创新的能力；三是合规性指标，考查财政支出部门和单位是否制定合理的组织结构、管理模式等方面的制度；四是人员素质指标。考查财政支出部门和单位公务员的素质；五是公共责任和公众满意程度指标，考查财政支出部门和单位办公条件、专业设备的先进程度、服务态度和质量等内容。

3. 循序渐进完善财政支出绩效管理改革，提升财政支持政策的运行效率。

第一，加大宣传力度，制定奖罚措施，在政府部门内部形成追求绩效的意识；第二，建立财政支出绩效管理法律框架，中央政府要对财政支出绩效管理制度专门立法，各地方政府因地制宜出台相关的绩效评价与管理规章制度；第三，根据部门和单位的业务状况，按分类评价思想初步建立较科学合理的绩效评价指标与标准体系；第四，尝试引入中介组织开展绩效评价活动，降低政府管理成本，最终实现财政支持政策效率、公平和推动的价值理念。

（三）支持战略性新兴产业发展财政政策的绩效比较与预测

比较研发投入和税收优惠政策的增长绩效，可以看出，税收优惠政策比研发投入政策对经济增长的冲击力度更大，作用效果也更为明显。据测算，减税率提高1个百分点，研发密集度平均提高0.3个百分点，资本密集度平均降低0.06个百分点，经济增长率平均提高0.3个百分点；而财政研发投入量提高1个百分点，研发密集度仅平均提高0.02个百分点，资本密集度平均降低0.004个百分点，经济增长率平均提高0.03个百分点。这是由于税收优惠政策属于市场导向型政策，受益对象具有非确定性，只要市场研发主体的研发投资行为可以划归到财政补贴或减税的收益范围，都能获得税收优惠支持，从而减低研发成本，增强风险抗御能力；而研发投入政策是政府按照国民经济发展与产业结构现状，对特定的行业、部门或企业所给予的政策性扶持激励，资助对象局限在特定的研发企业类型，是可甄别的，资助行为还会占用一定的经济、财政资源，降低政策实施效果。此外，税收优惠政策的增长绩效是逐步递增的，政策实施力度越大，对经济变量的稳态路径冲击也越强；研发资助政策的增长绩效则是平滑趋降的，存在比较明显的边际效果递减。

2008年年末以来，特别是在宏观经济总体上企稳回升的形势下，财政直接干预力度增强，市场型的税收优惠政策也在结构性减收的推动下，成为政府激励研发创新的主要手段。由于税收优惠政策并未将受益对象锁定在大中型企业，而是扶持了许多中小型高科技企业的成长发展，从而有效激励了研发创新量的迅速攀升。根据研究的初步匡算，2010年年初市场研发支出量占GDP的比重约为1.5%，创新激励政策结构调整前后的市场研发支出量相差接近两倍，效果非常明显。与其他国家比较来看，目前我国市场研发投入规模已略高于俄罗斯、巴西、印度等国家，但仍大大低于美、日、德、韩等国3.0%左右的投入水平，市场本身投入力度薄弱导致我国的研发创新能力，特别是基础研发创新能力仍处于相对弱势地位。

根据我国"十二五"期间战略性新兴产业的总体发展战略，首先要根据各地的实际情况，因地制宜地在7大产业中有选择、有重点地实现突破。因此，"十二五"初期的财政政策应以加大财政支持力度、规范新兴产业市场机制，稳步推进税式支出的改革为主，为战略性新兴产业提供良好的资金环境、经营环境、研发环境和销售环境。而待战略性新兴产业的企业基础研发得到支撑，应用研发逐步产业化后，企业竞争优势逐步形成、独立发展能力逐步增强，企业间的协作和产业布局与体系构建成为这一阶段绩效目标和评价构成的重点。财政政策的重心也将相应地转向以维护市场主体公平、扶持产业发展、提升产出效率和培育国际产业竞争优势的立足点上来，建立科学而规范的税式支出体系，"以奖代补"的财政支出政策和破除市场瓶颈为主体的财政支持政策成为这一时期政策的重心，仅以产业领域为支持标准的财政支出政策将在"十二五"后期逐步退出，而具体企业的经营、管理和研发绩效将成为这一时期财政政策激励的基本原则和要点。

五、把握产业发展规律，完善政策退出机制

战略性新兴产业是一个动态永恒发展的领域，与此相适应，支持战略性新兴产业的财税政策体系也是一个动态持续而相机调整的过程。从理论层面看，财税支持政策的退出是跟随战略性新兴产业的一种协同调整，是正确理顺市场与政府关系，保持国家财政与产业可持续发展的关键环节，是实现财税政策力量和手段动态调整的核心机制，也是有效提升政策绩效、避免政策资源浪费和扭曲的关键举措。

（一）建立政策退出的信号机制和指标体系

战略性新兴产业是一个不断发展和调整的领域。在产业形成和发展初期，战略性新兴产业具有技术门槛高、市场潜力大、带动系数大、综合效益好的典型特征，获得国家财政的大量投入与税收优惠支持。待产业发展进入高速阶段后，市场竞争优势得到确立，市场深度也进入了自组织开发的轨道，规模不断扩大、机制不断完善，原本对产业进行大力扶持的财力和税收优惠面临退出的压力。目前应深入探索并积极构建政策的退出信号机制和分析指标体系，通过客观的指标数值和具有前瞻性的信号反馈，科学确定退出时间和退出方式。

（二）建立渐进性、循环式的退出机制

财税支出政策的急剧退出会对战略性新兴产业的稳定发展带来剧烈的冲击和影响，同时，也会导致退出资金出现短期闲置的情况，造成不必要的损失和资金浪费。当前应大力推进渐进性、循环式的政策退出机制，在加强政策规模和效力的前提下，通过统筹和滚动安排支持政策的投入力度和措施手段，实现在稳定退出发展成熟的战略性新兴产业的同时，加大对未来战略性新兴产业的扶持和推进力度，形成政策资源循环和产业发展循环的统一。

（三）探索政策退出的稳定机制，有效抵补过渡期的市场风险

在转型期中，尚未完全成熟的战略性新兴产业有可能受到市场波动或过度竞争的风险冲击，为有效规避这一风险，保持我国战略性新兴产业的自我发展能力和带动能力，有必要建立政策退出过渡期的稳定机制，通过政府保持部分可支配财力的方式及时对市场风险做出反应，并相机抉择推出应对措施。到期未使用的资金余额可转作国家战略性新兴产业发展支持储备资金。

参 考 文 献

一、中文部分

[1] 彼得·诺兰等:《全球商业革命、瀑布效应以及中国企业面临的挑战》,《北京大学学报(哲学社会科学版)》2006年第2期,第132~140页。

[2] 邴志刚:《促进经济发展方式转变的宏观政策取向》,《学习时报》2007年12月17日。

[3] 陈清泰:《在培育新兴产业中的政府作用》,《科技日报》2010年6月21日。

[4] 发展战略性新兴产业课题调研小组:《关于发展我国战略性新兴产业的思考》,《学习时报》2010年第5期。

[5] 贾根良:《评佩蕾斯的技术革命、金融危机与制度大转型》,《经济理论与经济管理》2009年第2期,第5~11页。

[6] 卡罗塔·佩蕾斯:《技术革命与金融资本:泡沫与黄金时代的动力学》,中国人民大学出版社2007年版,第43~53页。

[7] 孔祥麒、陈祖贵、王伟:《发展·月刊》,2010年第4期。

[8] 黄南:《世界新兴产业发展的一般规律分析》,《科技与经济》2008年第5期。

[9] 李朴民:《如何正确选择战略性新兴产业》,《经理日报》2010年5月3日,第A04版。

[10] 李章军:《破浪前进的战略抉择——省部级干部研讨班侧记》,《人民日报》2010年2月13日。

[11] 李辉、史秋实:《发展战略性新兴产业抢占经济科技制高点》,《中国高新技术产业导报》2010年3月15日,第A05版。

[12] 林兆木:《关于转变经济发展方式问题》,《人民日报》2010年2月3日。

[13] 陆峰:《以战略性新兴产业为突破口 加快推进创新型经济

的发展》，《新华日报》2009 年 12 月 21 日，第 A01 版。

[14] 苏明、黄问航、许文、王桂娟：《中国应对气候变化财政政策的若干建议》，《环境经济》2010 年第 5 期。

[15] 苏明主持：《公共财政税收政策与能源可持续发展》，2006 年能源基金会课题报告。

[16] 天宇：《四部委启动研究战略性新兴产业发展思路》，《人民邮电》2010 年 2 月 22 日，第 001 版。

[17] 万钢：《把握全球产业调整机遇　培育和发展战略性新兴产业》，《中国科技产业》2010 年第 1 期。

[18] 王海洋：《加快建设战略性新兴产业》，《中国化工报》2010 年 1 月 14 日，第 004 版。

[19] 王益民、宋琰纹：《全球生产网络效应、集群封闭性及其"升级悖论"——基于大陆台商笔记本电脑产业集群的分析》，《中国工业经济》2007 年第 4 期，第 46～53 页。

[20] 汪寿阳、李自然等：《应充分发挥技术创新对我国经济的拉动作用》，《科学时报》，2009 年 3 月 11 日，第 6 版。

[21] 《2010 年政府工作报告》，中央政府门户网站，http://www.gov.cn，2010 年 3 月 15 日。

[22] 《胡锦涛在省部级干部落实科学发展观研讨班上的讲话》，中央政府门户网站，http://www.gov.cn，2010 年 2 月 3 日。

[23] 《温家宝在省部级主要领导干部研讨班发表重要讲话》，中央政府门户网站，http://www.gov.cn，2010 年 2 月 4 日。

[24] 《李克强在省部级主要领导干部专题研讨班发表讲话》，中央政府门户网站，http://www.gov.cn，2010 年 2 月 5 日。

[25] 杨林：《从几次金融危机看虚拟经济与实体经济关系》，《中国金融》2009 年第 5 期，第 57～59 页。

[26] 袁天昂：《资本市场支持我国战略性新兴产业发展研究》，《证券经纬》2010 年第 3 期。

[27] 曾晓安：《中国能源财政政策研究》，中国财政经济出版社 2006 年版。

[28] 战略性新兴产业部际领导小组办公室：《战略性新兴产业发展思路研究调研资料汇编》，2010 年。

［29］张丽宾、王桂娟、许文、逮元堂：《气候变化与公共财政政策的理论分析》，《环境经济》2010 年第 5 期。

［30］张平：《中国加快经济发展方式转变的政策取向》，《中国发展观察》2010 年第 4 期。

［31］中国国家发展和改革委员会：《中国应对气候变化的政策与行动——2009 年度报告》，2009 年 11 月。

［32］中华人民共和国国务院新闻办公室：《中国应对气候变化的政策与行动》，2008 年 10 月。

［33］朱瑞博：《全球产业重构与中国产业整合战略》，《改革》2004 年第 4 期，第 73～79 页。

［34］祝宝良：《构建发展战略性新兴产业政策支撑体系》，《科技成果纵横》2010 年第 1 期。

［35］祝福恩、缪静：《转变经济发展方式必须完善领导干部考核机制》，《学习时报》2010 年 8 月 4 日。

二、英文部分

［1］Carlota Perez. The Double Bubble at the Turn of the Century: Technological Roots and Structural Implications, Cambridge Journal of Economics, 2009, Vol. 33, No. 4, pp. 779 – 805.

［2］Freeman, C. and C. Perez. Structural Crises of Adjustment, Business Cycles and Investment Behavior, In G. Dosi et al. eds. Technical Change and Economic Theory. Francis Pinter, London 1988.

［3］Gourinchas, Rey. From World Banker to World Venture Capitalist: US External Adjustment and Exorbitant Privilege. NBER Working Paper No. 11653. August, 2005.

［4］Krugman, Paul. A Model of Innovation, Technology Transfer, and the World Distribution of Income. Journal of Political Economy. 1979, Vol. 87 (2), pp. 253 – 266.

［5］Sturgeon T. J. Modular Production Networks: A New American Model of Industrial Organization. Industrial and Corporate Change, 2002, Vol. 11, Issue 3, pp. 451 – 496.

［6］UNCTAD: World Investment Report 2002—Transnational Corporations and Export Competitiveness, p. 121.

后　记

　　为了深入贯彻实施《国务院关于加快培育和发展战略性新兴产业的决定》，积极运用财政政策支持战略性新兴产业发展，我们用近一年的时间，通过大量实际调研，并结合理论分析和国际经验比较研究，完成了这一书稿。财政部领导高度重视，张少春副部长为本书主编，从选题计划、提纲设计、书稿撰写到付梓出版，都给予了宝贵指导，并审定书稿。

　　本书是集体创作的成果。财政部经建司提供了大量素材，财政部科研所负责编写了初稿，并与财政部经建司相关领导对书稿进行了反复修改和完善。李敬辉、苏明、李方旺同志具体负责和指导撰写、修改工作。参与本书编写工作的同志还有：郎福宽、陈昶学、张严柱、蔺雪冰、陈穗红、赵福昌、王桂娟、许文、李成威、唐在富、孟艳、张鹏、商瑾、史菁。经济科学出版社为本书出版做了大量工作，在此一并致谢！

　　本书在编辑出版过程中难免存在疏漏之处，敬请读者批评指正。

编　者

2010 年 12 月